光尘
LUXOPUS

界限

通往个人自由的实践指南

SET BOUNDARIES, FIND PEACE

[美]内德拉·格洛佛·塔瓦布 著
(Nedra Glover Tawwab)

张蕾 译

中信出版集团 | 北京

图书在版编目（CIP）数据

界限 /（美）内德拉·格洛佛·塔瓦布著；张蕾译
.—北京：中信出版社，2022.2（2025.12 重印）
书名原文：Set Boundaries, Find Peace: A Guide to Reclaiming Yourself
ISBN 978-7-5217-3532-1

Ⅰ.①界… Ⅱ.①内… ②张… Ⅲ.①人际关系－通俗读物 Ⅳ.① C912.11-49

中国版本图书馆 CIP 数据核字（2021）第 211891 号

界限
著者：　[美] 内德拉·格洛佛·塔瓦布
译者：　张蕾
出版发行：中信出版集团股份有限公司
（北京市朝阳区东三环北路 27 号嘉铭中心　邮编　100020）
承印者：　三河市中晟雅豪印务有限公司

开本：880mm×1230mm 1/32　印张：10.25　字数：189 千字
版次：2022 年 2 月第 1 版　印次：2025 年12月第 20 次印刷
京权图字：01–2021–5094　书号：ISBN 978–7–5217–3532–1
定价：59.00 元

服务热线：400–600–8099
投稿邮箱：author@citicpub.com

题献

健康的界限为我的生活带来了前所未有的变化。
谨以此书献给那些想通过合理设定健康界限来获得人生自由的朋友。

目 录

序　言

在为自己设立健康的界限之前，我的生活一度混乱不堪，难以应付。我也曾经历过一番挣扎，想要摆脱过度依赖和枯燥的人际关系，从容地面对工作与生活。在我为自己和他人设定了期望之后，这些问题迎刃而解。然而，拥有健康的人际关系靠的是持续不断的练习。只有积累了足够的经验，你在处理生活中的各种关系时才能游刃有余。

可是，一旦我放松对界限的把控，那些老毛病就又浮现出来。于是，设定健康的心理界限成了我生活中不可或缺的一部分。我通过不断培养自信和自律打造自己想要的生活。过去，我常常感到哀怨，总希望别人能猜到我的心情和愿望。多次失败之后，我悟出了一个道理：没人会主动揣测我的需求，大家只会按照自己的方式生活，而我的痛苦也只有我自己知道。

一些在过去觉得难以启齿的话，比如“我不能帮你搬家”，如今我都能坚定地说出口。过去的我总是唯唯诺诺，既不想惹任何人生气，又不知该如何表达。我总担心太过保护自己会使一些人际关系破裂。毕竟，人际交往成本比其他成本高得多。

刚接触到“界限”这一概念时，我很困惑要如何将它应用到我的生活当中。过去，人们总是谈“界”色变，殊不知“界限”一词早已渗透到生活中的方方面面。本书将对健康的心理界限进行全方位的解析，并针对如何尊重他人的界限等问题提供一些建议。至于如何才能在人际关系中设定界限而又不感到内疚，我也是花了好几年才明白其中的道理。原来，当一个人否定自己的行为时，自然会对自己的行为感到内疚，而正是这种内疚（或不安）一直在阻止我们过上自己想要的生活。本书将教会你如何控制这些不安的情绪，增强你的勇气与信心，帮你为自己的生活设立健康的界限。

导　言

有界限，更自由。

十四年心理治疗师的从业经验告诉我，大多数前来接受心理治疗的人都不知道人生是有界限问题的。界限问题在他们的生活中比比皆是，如缺乏自我关爱、容易与他人起冲突、时间管理困难、情绪易受社交媒体的影响等。

听完他们或哀怨、或苦恼、或心力交瘁、或过度依赖的故事，我总是温和地告诉他们："你的问题出在心理界限上。"于是，我开始帮他们指出各种越界的表现，教他们如何与他人交流心理界限，并且一起处理设定界限带来的后果。是的，由于坚持自己的主张而产生心理不适与内疚感，是需要做善后处理的。

我在社交媒体上发布了许多关于界限问题的观察，其中一篇题为"哪些迹象表明你需要心理界限"的帖子曾引发极大热度。

哪些迹象表明你需要心理界限？

- 感觉不堪重负
- 对向你求助的人产生抗拒
- 拒绝和你认为可能有求于你的人交流
- 发出过“常常帮助别人却从未得到回报”的感叹
- 感到筋疲力尽
- 常常幻想自己能抛开一切一走了之
- 没有属于自己的时间

网上发帖的巨大反响让我看到了人们对于设定心理界限的强烈需求。不少网友发给我“请帮帮我，我有界限问题”的求助信息。我每周都会主持一次网上咨询活动，其中85%的网友提问都与界限有关。

我收到的问题大多是这样的：

- 我每周跟一帮朋友出去时，他们都喝得烂醉，我感觉很不舒服，我该怎么办？
- 我弟弟老是向我借钱，我每次都无法拒绝，怎么办？
- 父母要我回家过节，可我打算去伴侣家过节，我该怎么跟他们说呢？

要回答网友的所有问题是不可能的。时间过去了一周又一周，网友们对自己在人际交往中遇到的困难又产生了更多的疑问。没想到我的一个帖子竟揭开了界限问题的无底洞！我发现，想要帮助更多的人解决这些问题，唯一的办法就是出一本书，把自己的专业知识和实战经验全都写进这本书里。我的实战经验不仅来自和网友的互动以及为客户提供的咨询，还包括我本人多年来处理自身界限问题的心得。由于每天都在经历和解决这类问题，我十分清楚建立健康的界限究竟有多重要。

我时常通过在社交媒体上发起一些有趣的问卷调查来了解受众的需求，而有些投票结果着实颠覆了我之前的想象和认知。例如，我的一个问题是："你对父亲和母亲的期望是否有所不同？"60% 以上的网友选择了"否"。我觉得不可思议，因为大多数妈妈（包括我自己在内）都认为人们会对母亲这一角色寄予更多的期望。然而网友们似乎更相信在生活中父亲和母亲同等重要。类似这样的问卷调查和结果还有很多，我会在本书的各个章节里进一步分享。

和大多数人一样，我发现在家庭关系中设定界限是最具挑战性的。每个家庭都有自己的一套"家规"，一家人彼此心照不宣默默遵守。一旦开始对家人设定界限，你一定会感觉到"内疚"。

去年，一位亲戚发来短信，让我帮忙改造一个人。我回复道："这件事不是我的责任，也不是你们的责任。"回复完短信，我很欣慰自己终于成熟了。几年来，我一直在不断帮助这位亲戚，今天终于卸下了这个包袱。我的工作从来就不是拯救或改造一个人。我只能提供适当的帮助，无法对任何人进行改造。那一刻，我不仅为自己设定的界限感到自豪，也为自己在这方面取得的进步感到骄傲。经过多次摸爬滚打，我终于明白：如果不喜欢一件事，别憋着，一定要采取行动。一直以来，我都以无条件接受别人的请求和帮助别人为己任，甚至不惜损害自己的利益，原因就在于不想让别人失望。这也反映出人们不愿设定关系界限的首要原因——害怕得罪人。

造成恐惧的真正原因从来都不是那些事实，而是那些消极的想法和我们自己想象出来的故事情节。历经多年，我终于明白：一个人在接受别人的帮助之前必须先明确自身的问题并主动请求帮助。我花了好几年才意识到，自己原先的做法不是在拯救或改造一个人，而是在妨碍他们进行自救。

通过这本书，你会了解到更多关于设定界限的成功尝试与失败案例。

设定界限一点儿也不简单，尤其当对象是我们所爱的人时。我们总认为，与其惹对方生气，不如忍一忍就过去了。然而，忍一忍真能过去吗？要是有勇气说出内心的想法，挽救的可是你们之间的关系啊！界限有时可以说得斩钉截铁，比如“我不会再陪你喝酒”，有时则可以委婉一些，比如“进门之前麻烦你脱一下鞋”。但无论语气轻重，表达的意思都一样重要。

不要指望别人能明白你想要什么，明确表达自己的心声才是你该做的。相互坦诚才能挽救一段关系。

本书为你提供了一套简明扼要的方法，帮你判断自己是否存在界限问题，探讨你对界限的需求程度，教你如何一步步地设定和执行自己的界限。凡事总有一个过程，而且过程往往并不会一帆风顺。首先，交流和分析一个人的真实需求是非常困难的，要处理接下来的事情则是难上加难。但只要你多加练习，尤其当你体验到随之而来的轻松与安宁后，就会越来越得心应手。

人们为何不尊重你的界限?

- 你不把自己当回事
- 你从不要求别人负责任
- 你因为设定界限而向人道歉
- 你把规则定得太灵活
- 你的表达含糊不清
- 你从不用语言表达你的界限（尽管它们都在你的脑子里）
- 你认为有些话说一次就够了
- 你认为别人会根据你对他们越界行为的反应来判断你的需求

十四年来，我很庆幸自己能够帮助一些人厘清与他人的关系，并且有勇气展开健康的人际交往。在这本书中，你会读到一些故事，这些故事能帮助你更好地理解现实生活中的界限问题。故事的灵感来自我与客户之间的互动，但所有的姓名、事实和细节都已做了更改。希望读者朋友能在别人的故事中发现自己，学会适时调整自己的人际关系。

有时候，我们虽然知道界限非设不可，却不知该从何做起。这本书就像是一本指南，既能为你指明界限的好处，也能带你体验在人际关系中维护自身价值观的艰辛。考虑到人们常常不懂如何准确地表达自己的需求，我在书中加入了一些措辞方面的建议，读者可以放心采纳，也可以借此来练习适合自己的表达。另外，读者还可以通过完成每章末尾的练习加深对该章内容的理解。

第一部分

界限的重要性

第1章
自我关爱的根本在于设定边界

“我有一种不堪重负的感觉。”金双手抱头，幽幽地说。她蜜月刚结束两周就到我这儿来咨询了。金新婚宴尔，事业有成。她做任何事都是佼佼者，这一点令她非常自豪，但同时也被自己凡事都要尽善尽美的执念搞得寝食难安。她每天一睁开眼就感觉筋疲力尽，甚至害怕起床。她不仅要做最好的自己，还坚持以最好的形象示人。她要做最好的朋友、最好的女儿、最好的姐妹和最好的同事。此刻，她又给自己添了一项新任务——做最好的妻子。总有一天，她还要做一个最好的母亲。在她看来，要做到最好就应该永不说“不”，拒绝别人会显得自私又小气。她前来向我求助，正是希望能找到一种可以轻松搞定更多事情的方法。

金躺在我诊室的治疗椅上，列出了所有她答应别人下周要做的事情。她坚持说朋友需要她帮忙搬家，同事也非要她协助才能管理好手头的项目。她总是自告奋勇接下很多任务，又苦于没有时间完成，于是恨不得能把自己变成三头六臂或把一秒掰成两秒用。

见她还在滔滔不绝地细数每一件她想要搞定的事情，我赶紧叫停，然后温和地提醒她，想拥有更多时间是不可能的。起初，她看起来有点儿失落。于是我说："别担心，我可以帮你减轻负担。"她脸上的表情告诉我，她似乎从未想过这些问题真的可以得到解决。对于她的反应我并不感到惊讶。我遇到过许多人，尤其是女性，她们不停地付出，到头来却疲惫不堪甚至极度沮丧。这就是现代社会里过度疲劳的现象越来越严重的原因。

首先，我鼓励金列出她那一周要做的所有工作和家务。不出我所料，她已经把一整周的事情全都计划好了。她草拟了完成每项任务的时间表，并且很快意识到，想要完成她计划的所有事情，时间根本不够用。

我问她："哪些事是你真正需要做的？哪些事是可以拜托别人做的？你觉得你的朋友可以找别人帮忙搬家吗？"她考虑了片刻，回答说"可以"，但还是主动坚持要去帮忙。那一刻，我看出了金的问题所在。她只知道一味助人为乐，却没有根据自己的能力和时间来设置限度，正是这种严重的界限缺失导致了她的焦虑。没错，她是个热心肠，她只是很想帮助别人！但是这种帮助别人的强烈意愿已经超出了她所能承受的范围。她迫切需要为自己减负。我提出可以委托别人去做，这个建议被她一口回绝了。在她看来，帮助别人的唯一方法就是凡事亲力亲为。

金很抗拒对他人说“不”，这使她不得不前来向我求助，这正是她所有担心、压力和极度焦虑的根源。研究表明，感到焦虑的人日益增多，而复杂的人际关系是导致这一现象的最主要因素。焦虑和抑郁已然成为人们寻求心理治疗的两种最常见原因。就像金一样，一个人的日常生活一旦受到焦虑的影响，便会开始选择接受治疗。

我帮助金卸下了她需要时刻为人提供帮助的心理负担。我也帮她想明白了一个道理：只有懂得拒绝他人，才能为自己争取所需的时间。拒绝他人可以令她更加从容地适应妻子这一全新的角色；拒绝他人可以减轻她的烦恼，使她不至于一起床就感到不堪重负，从而轻松地面对新的一天。

哪些迹象表明你需要设定更健康的界限

界限帮助你在人际关系中体验到安全与舒适的预期和需求。为人际关系设定一些预期，有助于你在精神和情绪上保持良好的状态。知道何时拒绝、何时接受他人的请求，也是决定你与他人交往的舒适程度的重要因素之一。

金开始在脑子里不断重复自己的想法和计划，并且不停地担心自己的时间不够用，这一切都严重影响了她正常生活与工作的能力。简而言之，她压力太大了。人的神经系统对压力的反应会引发焦虑等心理健康问题。当我们有压力时，大脑很难停止工作，睡眠也会因此受到影响，于是渐渐产生了畏惧。

据我观察，许多心理健康问题都与界限问题有相同的表现，这其中就包括忘记自我关爱、感觉不堪重负、怨恨、逃避等。

忘记自我关爱

我们在飞机上都听过这样一句安全提示："请先为自己戴好氧气面罩，再去帮助身边的老人与孩子。"这句话看似简单，实则不然。当帮助他人的意愿极其强烈时，我们必定会进入一种忘我的状态。

有数不清的人在接受治疗时对我抱怨道："我根本没时间做自己想做的事。"一番快速评估之后，结果一目了然：这些人根本就没为自己腾出任何时间。事实上，他们经常忘了如何关爱自己。他们无法挤出时间吃一顿健康的饭，也没时间做一次仅需五分钟的冥想，却舍得每周花好几个小时到孩子的学校当志愿者。这种关爱他人和关爱自我的失衡是界限问题的最直接体现。

自我关爱可不仅仅是休息一两天去做个水疗那么简单。我们也不能将自我关爱与自私画上等号。拒绝为他人提供帮助也是自我关爱的一种表现，自我关爱就是首先关注自己的需求，比如戴氧气面罩这件事，如果你先把它用在自己身上，你会有更多的力量去帮助他人。仔细想想你就会发现，自我关爱的根本就在于设定界限，即为了自己的情感与身心健康而拒绝做某事。

感觉不堪重负

金寻求治疗的原因是她长期感觉不堪重负，这正是界限问题最常见的表现之一。感觉不堪重负的人往往想做太多他们根本没时间去做的事。他们沉迷于将自己的日程安排得满满当当，这种忙碌的现象如今司空见惯。每个人都拼了命地给自己找事做，全然不顾自己的时间够不够用。这样一来，代价便是我们的身心健康受到损害。设定界限绝对是应对此类问题最积极主动的办法，你可以由此来判断哪些事才是你真正应付得了的，从而以百分之百的精力完成手头的事情，避免凡事都力不从心。

怨恨

感觉自己被利用，从而沮丧、愤怒、烦恼和痛苦，这些都是由于不设界限而产生的怨恨情绪。心存怨恨会影响我们与人相处的方式，令我们无法在人际关系中做最好的自己。它会引起冲突，会让我们变得偏执，会在人与人之间筑起一道墙。长期的不满会影响我们对他人意图的理解。当我们做任何事情都只是出于对他人的义务，而不是为了获得助人为乐的喜悦，产生怨恨情绪是很自然的。

如果一个客户对我说“我不得不照顾我妈妈，真烦”，我立刻就能听出他的恼怒和怨恨。我会和他一起探究为何照顾母亲这件事会对他造成如此大的压力，令他感觉这么无可奈何。这个过程往往会动摇他的信念。他希望母亲能得到照顾，但这件事不必由他一个人独自承担。他完全可以向其他家庭成员求助，甚至全权委托。设定这样一个界限可以在很大限度上缓解他的压力。

逃避

消失、视而不见，或者切断与他人的联系，这些行为都属于逃避。不回应对方的请求、迟迟不做解释，或者干脆躲起来谁也不见，这么做都是在逃避问题，而不是积极主动地解决问题。但是，逃避只是一味拖延时间，并不能使问题得到真正的解决。同样的问题还会反复出现在我们一段又一段的人际关系里。

逃避是为了表达对某事的厌倦而采取的消极对抗的手段。逃避就是什么都不做，静静等待问题自动消失。这种办法看似最安全稳妥，实际上那只是当事人出于对问题的恐惧而做出的反应。双方都避而不谈对一段关系的预期并不能保证从此就没有冲突，所以逃避只能使情况得以暂缓，只有设定界限才能让问题迎刃而解。

常听人说“好想抛开一切一走了之”，这种想法正是逃避的最极端的表现。如果你经常幻想能一个人待着，不接任何电话，或者干脆躲起来，这意味着你想以逃避来解决问题。但是，这在现实生活中是行不通的。

学会坚守自己与他人之间的界限将有助于消除前文提到的症状，并且有效控制抑郁和焦虑的一次次发作。对心理界限缺乏了解会导致一些不良习惯的出现，那么，究竟什么是界限呢？

认识界限

设定健康有益的界限会让你感到安全和平静，觉得自己被爱、被尊重。界限不仅可以定义他人在你生活中扮演的角色，也可以定义你在他人生活中扮演的角色，而它的意义还远不止于此。

界限的意义：

- 界限是负担过重时的一种保护措施
- 界限是自我关爱的表现
- 界限定义了我们在人际关系中的角色
- 界限界定了人际关系中可接受和不可接受的行为
- 界限是对一段关系产生预期的参数
- 界限是使自己的需求获得他人支持的一种方式
- 界限是向他人表达需求的一种方式
- 界限是建立健康人际关系的一种方式
- 界限是消除误会、坦诚相待的一种方式
- 界限是获得安全感的一种方式

界限是提醒别人如何对待你的一种暗示。它可以很明确，比如直截了当地说“我要告诉你的这件事只有我们两个人知道，我希望你能保守秘密”，也可以很含蓄，比如在门口为客人准备一个放置鞋袜的篮子起到暗示作用。当你在为自己设定界限的时候，也不能忽略别人试图向你传达的界限。

一个人的家庭背景和性格决定了他如何接受和执行界限。如果你的原生家庭从不互相沟通彼此的界限，或者经常忽视这些界限，那么你长大后很可能会缺乏沟通技巧，很难坚定自信地表达自己的需求。假如父母有一方长期酗酒，那么子女长大后通常很难对别人设定界限。那些有不良嗜好的父母通常会传递出这样一种信息：孩子的界限并不比自己的酒瘾或烟瘾来得重要。因此，这些孩子长大后就很难理解和定义界限。如果你的原生家庭能够沟通并尊重彼此的界限，那么在任何情况下你都可以更轻松地确认自己的界限。

一个人的性格将决定他尊重或拒绝接受界限的心理舒适度。有焦虑倾向的人在遇到困难时更容易产生过度反应。这样的人普遍存在情绪调节的问题，因此他们很难根据情况做出恰当的反应。那些大家公认的“刺头”（比如总是觉得自己有理、为一点儿小事争论不休，或者难以接受他人与自己不同的人）则比一般人更有可能抵制界限。能尊重界限的人通常都具备开放（能接受改变）和自省（愿意学习和成长）等性格特征。

对所有年龄层的人来说，界限都是必要的。就像人在一段关系中会发生改变一样，界限在人际关系中也会发生变化。人在经历外出求学、结婚或组建家庭等变化的时候，界限也要随之发生改变。

实际上，界限还分三个层次。

松散的界限

松散的界限最不牢靠，它们多因表达不当而形成，常常在不知不觉中损害你的身心健康。这样的界限会让你感到筋疲力尽、负担过重、抑郁焦虑，还会导致不健康的人际关系。开篇故事里的金就是被松散界限影响了身心健康的典型。

界限松散一般表现为：

- 过度分享
- 过度相互依赖
- 情感纠缠（和他人之间缺乏情感分离）
- 无力拒绝
- 一味取悦他人
- 过度依赖他人的反馈
- 一被拒绝就六神无主
- 愿意接受虐待

设定松散界限的例子：

- 答应做你不想做的事
- 尽管自己手头很紧也要借钱给别人，或者认为借钱给别人是一件义不容辞的事情

僵硬的界限

僵硬的界限则是另一个极端。它相当于在心里筑起一道墙，把他人拒之门外以确保自己的安全。但是，以自我封闭的方式来保证安全是非常不健康的，这样做会引发一系列其他问题。如果说松散界限会导致不健康的过分亲密（情感纠缠），那么设定僵硬界限则是一种以制造距离为目的的自我保护机制。形成这种界限通常是因为害怕自己变得脆弱或有过被人利用的经历。设定僵硬界限的人会定下严格的规则，面对任何情况都绝不破例。假如一个界限僵硬的人说“我从不借钱给别人”，他一定会说到做到，即使是一个从不四处借钱的朋友此刻正深陷危机，他也绝不会心软。

界限僵硬一般表现为：

- 从不分享
- 筑起心灵的围墙
- 从不暴露自己的脆弱
- 把别人拒之门外
- 对他人有很高的期望
- 凡事都说一不二

设定僵硬界限的例子：

- 严厉地拒绝，以阻止他人的再次请求
- 坚决不帮姐姐照看小孩

健康的界限

当你过去遇到的问题没有再次出现在你目前的人际交往中，这基本就可以说明你设置的界限是健康的。这需要你十分了解自己的情绪、精神状态和身体素质，同时还需要配合清楚有效的沟通。

界限健康一般表现为：

- 明确自己的价值观
- 倾听自己内心的声音
- 适当地与人分享
- 在可信赖的人面前适当地示弱
- 能坦然拒绝别人
- 能坦然接受拒绝，不认为对方是故意的

设定健康界限的例子：

- 不为拒绝他人而感到抱歉，因为那是当下对自己最有益的选择
- 在经济上支持他人，前提是时机合适且不损害自身的经济利益

设定界限两步走

设定界限确实很不容易。有时我们会因为担心他人可能

做出的反应而乱了阵脚，然后轻易就退缩了。你会在脑海中把各种尴尬的场景预演个遍，并且做出最坏的打算。但请相信我，为了拥有一段健康稳定的关系，经历短暂的不适总是值得的！

一旦确定自己想要设定的界限，就要牢记这个过程必须分两步：先沟通，后行动。

沟通

第一步便是口头表达你的需求。人们无法根据你的肢体语言或未说出口的期望准确判定你的界限，只有当你明确地说出自己的期望，别人才不会误解你的需求。坚定表明自己的立场才是最有效的方法。

不妨参考以下方式来表达你的界限：

- “意见不统一的时候难免会吵起来，一旦我感觉我们吵得太凶了，希望我们能控制自己，休息一下。还有，如果你的语气让我感到不舒服，我也会提出来。”
- “这个计划是我们共同制订的，对双方来说都很重要，请一定按计划执行。如果你需要改变计划，请务必提前几个小时给我发短信。”

行动

仅仅靠沟通来设定界限是不够的，你必须以行动来证明你传达的信息。总是指望对方读懂你的心思往往会导致一段不健康的关系，所以你必须采取行动。打个比方，假如你对朋友说："请执行我们共同制订的计划，这对我来说很重要。如果你需要改变计划，请务必提前几个小时给我发个短信。"由于你已经口头表达了你的界限，所以当这个界限被侵犯时，你就必须用行动来维护它。在这种情况下，你要让你的朋友知道你无法适应这个突然改变的计划，因为他没有提前通知你。你可以温和地回复他："我很想跟你出去玩儿，但我实在无法临时更改行程。我们下周再约吧。"我知道这么做很难，但只有通过行动来重视自己的界限，才能让大多数人知道你设立的界限是认真的，从而让所有人都认真对待你的界限。

界限不仅是为你而设，也是为他人而设

在我组织的研讨会上经常会听到一些参与者分享他们在沟通界限时的失败经历。许多人认为，一旦自己设定了界限，别人就自然会遵守。因此，设定界限的人在传达界限之后一般都不会采取什么行动，但不采取行动往往会导致关系的持续恶化。你不仅要努力确保自己的界限能够得到他人的尊重，还要保证将这些界限贯彻到底。

这项工作最大的拦路虎就是对他人反应的顾虑。我们不妨事先做好准备，看看究竟会发生什么。

当你与他人分享你的界限时，对方通常的反应

要考虑他人可能出现的反应，这一点固然重要，但也不必太过专注于此。

人们对界限的常见反应包括：

- 抗拒
- 试探底线
- 选择无视
- 做合理化解释并提出质疑
- 防御性反应
- 玩失踪
- 冷战
- 接受

抗拒

人们通常会抗拒在一段关系中发生的变化。这些界限一开始可能会让人不知所措，然而，如果对方尊重你，他们必然也会尊重这些变化。每个人都在不断成长和进步，我们的人际关系也必须如此。无论是在你刚刚设定一个界限之后，还是过了一段时间，一旦对方决定不再尊重你的界限，抗拒就随时可能发生。

事实上，抗拒是一种害怕的表现，害怕事情会变得不同，

害怕被迫离开自己的舒适区。尽管“不同”并不意味着“不好”，但有些人的确会在处理新的关系时遇到困难。

也许当金告诉她的朋友自己无法帮她搬家时，朋友当下会表示理解，并回答她“好的”，可是第二天，她又会问道：“你真的不能帮我搬家吗？你不是一直都会帮我吗？”

人们在表示抗拒时通常会说：

- “呃，我不确定自己能不能做到。”
- “这不公平。”
- “我也有我的需求，我跟你提过吗？”

那么，如何处理对方的抗拒？首先承认你听出了对方的担忧，然后重申一遍你最初设置的界限，例如：

- “谢谢你告诉我你的感受，但是我仍然坚持我的想法。”
- “你不喜欢我设的界限，这一点我理解，但我需要在这段关系中获得安全感，只有设定界限才能让我有安全感。”

试探底线

小孩子经常爱试探大人的底线，那是因为他们还小，必须通过这样做才能逐步独立。成年人又何尝不是如此。他们虽然听懂了你的诉求，却仍想探一探你愿意做出多大的让步。就好比金已经告诉她的朋友自己无法帮她搬家，她的朋友仍要问她："那么，改到下周如何？"这位朋友显然在试探金的这一决定是否有弹性。如果金回答说"好吧，那就下周吧"，这等于在明确地告知对方：我的界限有回旋的余地。

人们在试探底线时通常会说：

- "我们再商量商量。"
- "我稍后再跟你确认一遍你是否能帮这个忙。"

那么，如何应对对方的试探？看清对方的意图，并大胆地指出："你在试探我的底线。"明确地表达你对于被试探底线的感受。例如，"当你不尊重我的界限时，我感觉……"然后重申一遍自己的界限，用不着做任何解释。因为一旦解释就等于在给对方机会来反对你提出的需求。我们在试图安慰别人的同时，自己也可能被说服，从而放弃之前设定的健康的界限。所以，尽最大努力明确你的界限，不做任何解释，这样你就不会被对方说服。

选择无视

有时候，对方会通过一种消极对抗的方式，假装听不见你提出的界限，也就是所谓的"选择无视"。但界限一经提出，就必须得到尊重。如果对方一再无视你的界限，你就会在心里产生怨恨的情绪。随着时间的推移，这种怨恨会慢慢地侵蚀你们对彼此的尊重。

就拿金的例子来说吧，在她说完“我没法帮你搬家”这句话没两天，朋友再次问：“这个周末你几点能来帮我搬家？”金有以下几种选择：重申自己的界限、顺其自然地去帮忙搬家或者不给回应就直接不去。最好的做法是，断然表示：“两天前我就说过，我没法帮你搬家。”如果不敢重申自己的界限，她很可能最终还是会去帮忙，那么在她下一次设定界限时，她的朋友也极有可能继续无视。

无视界限的人通常会：

- 完全不顾你的界限，继续提出要求
- 假装没有理解你的界限

那么，如何对付无视你的界限的人？重申你的界限，并请求对方复述一遍。同时强调这种改变不是暂时的，会一直持续下去。你可以说：“将来遇到类似情况，我还会这么处理。”一旦发现对方无视你的界限就立即做出反应，否则界限就会自动消失。

做合理化解释并提出质疑

既然这些如今被看作不合适的行为在过去你统统可以接受，人们就会质疑你现在设定的界限，同时为他们自己的行为做合理化解释，认为完全没有问题。

在这种情况下，金的朋友可能会问一些尖锐的问题，比如“你为什么不能帮我搬家？换作我，我肯定会帮忙”。这类问题常常会把你问得哑口无言。你很容易被这类问题套住，于是开始找各种借口解释或道歉。然而，为自己所设的界限道歉是毫无意义的。别忘了，对方想要的并不是你的道歉，而是你放弃自己的界限。设定界限是为了保护你自己，根本无须做任何解释和道歉。当你决定不再做之前做过的一些事情时，人们肯定会质疑你的转变。你完全可以告诉他们今时不同往日，你就是单纯改变主意了或者之前的做法已不再适合你了。

当人们将自己的行为合理化并对你提出质疑时，通常会说：

- “你为什么改变我的计划？”
- “你突然改变主意对我影响很大。”

那么，如何面对对方的合理化解释或质疑？千万不要做任何解释。你可以简短地回答对方：“因为这样对我们都好。”有些话多说无益，只会让你陷入反反复复的谈判。

防御性反应

当人们感受到攻击时，就会产生防御性反应。简单明了的措辞有助于降低对方的心理防线。然而，无论你如何表达自己的期待和愿望，都难免会遇到一些戒备心强的人。为了自我保护，对方会把问题的焦点转移到你身上，因为他们不想让自己成为犯错的一方。

在这种情况下，金的朋友可能会答道："我又不是天天搬家，你要是实在不想帮我就算了。"戒备心强的人此时根本听不进你说的话，因为他们一听就觉得你在针对他们，于是不停地在心里盘算要如何对付你。他们的回应更多的是关于自己，而不是你。他们只专注于满足自己的需求，根本不打算接受你提出的任何改变。但健康的人际关系绝不是单方面努力形成的，在一段关系中，双方的需求同等重要。

防御性反应通常表现为：

- 通过向你提出请求来反驳你的请求
- 解释他们为何如此行事
- 指责你攻击他们
- 重提你过去做过的事来为你现在的界限做参考

当对方处于防御状态时，如何与他们交谈？

- 让话题重新回到你身上，使用"我"作为主语来陈述观点。
- 一次只谈一个问题。
- 申明你的界限时，切勿旧事重提。
- 尽量直抒胸臆，例如："当你……时，我感觉……"
- 尽快回应对方，不要让问题在接下来的几天、几周甚至几个月里持续发酵。

- 及时了解对方的想法。如果不方便当面交谈，也可以用短信或邮件告知对方你的想法。有些话的确面对面说效果更好，但当你觉得自己无法当面与对方设定界限时，利用其他的手段也未尝不可。

玩失踪

不做任何解释就结束一件事情或者突然让对方找不着，这种做法通常被称为“玩失踪”。玩失踪也是人们对界限的一种消极回应。消极对抗型性格的人最爱用这一招。他们一般不当面说明是否反对，而是通过行动让你明白他们的感受。对方通常在你表达自己的期望后就立即突然消失（也可能发生在一两天后）。我们通常可以将其理解为一种惩罚。

举个例子，金说：“我这周末不能帮你搬家了。”在接下来的几天里，她像往常一样发了几条短信问候这位朋友，朋友都不予回复。金十分肯定这位朋友收到了她的短信，因为她看到了那些短信下面的“已读”标记。

玩失踪的人通常会：

- 不回你的电话或短信
- 取消之前的计划
- 与其他共同的朋友保持联系，唯独把你排除在外

那么，如何对付玩失踪的人？发送措辞严谨的一条短信

或一封邮件，告知对方你已经注意到他的行为。对方此时很可能会做出回应，因为他不想让别人看出自己内心的烦乱。在回复中表达你的感受以及你对这段关系的重视。如果对方拖了好几天才回复你，就必须清楚地重申你对于“玩失踪”这种行为的感受。如果你自始至终没有收到任何回复，那就提醒自己他们的反应绝不是针对你，而是他们处理这种情况的惯用做法。

冷战

这种反应虽然没有玩失踪那么极端，但也足够令人痛苦。冷战同样是一种消极对抗，也可以理解为对你设定界限的一种惩罚。在你明确表达自己的需求之后，对方会明显变得冷淡。尽管你试图进一步交谈，对方也只会做出像“是”或“不是”这样简短的回答。作为被冷落的一方，你会感到孤立无援、不知所措。对方明明就在你身边，感觉却如同相隔万里。

假如金的朋友对她实施冷战，情况就会是这个样子：这个周末过后，金和这位朋友如约共进午餐。朋友全程保持安静，看起来心事重重，与之前简直判若两人。金一直试图与她攀谈，然而对方的回答都不超过两个字。

当对方对你实施冷战时，他通常会：

- 一连几个小时或几天不和你说话

- 用消极对抗的方式表达自己的不悦，比如只回答你“是”或“不是”

那么，如何应对冷战？把你注意到的情况说出来，比如“你看起来不太高兴，可以聊一聊我刚才对你说的话吗”。明确指出你认为问题出在哪里，并拒绝接受对方的行为。也许你可以适当地向他解释一下你为何设定这一界限，比如“我实在应付不过来，我已经忙得不可开交了”。

接受

接受是对界限做出健康回应的一种方式，也是检验一段人际关系是否健康的标志。

假如是这种情况，金的朋友的回应就应该是“谢谢你告诉我这些”，于是金就此轻松地摆脱了帮朋友搬家的任务。这么做既没人犯规，也没人受到伤害。尽管你对设定界限还有种种担心，但以我的经验来看，大多数人都会选择欣然接受。若是有人以不健康的方式回应你，这通常释放出一个信号，表明你早就应该设定界限了，你甚至需要重新评估这段关系。

长久以来，你很有可能一直否认这些问题的存在。也许你的问题正是宁可满腹委屈也不敢拒绝别人的请求，或者可能是面对别人的冒犯只能忍气吞声。

界限是解决大多数人际关系问题的良药。前提是双方都必须参与进来，尊重彼此的界限。

不健康的人际关系一般表现为：

- 你无法表达自己的需求，因为对方拒绝倾听
- 对方拒绝满足你的合理请求
- 存在情感上、身体上或性方面的虐待
- 几乎每一次交流都使你感到悲伤、愤怒、疲惫或失望
- 你们之间的关系是单向的，你不断地付出，对方则不断地索取
- 你们之间缺乏信任
- 对方拒绝改变一些不良的行为
- 对方的不良嗜好会对你造成伤害

随着时间的推移和自身需求的变化，界限的内容与范围也会不断地扩展。

通常需要在哪些领域设定界限

一旦学会如何识别界限问题、如何传达你的需求以及如何采取后续的行动，你就可以开始在生活的方方面面执行自己的界限了。界限在许多不同的情境里都很重要，下面是大家普遍认为关系最复杂的几种情境。我们将在本书的后半部分对每一种情境做更为详细的探讨。

家庭

家庭被列入关系复杂的情境实在不足为奇。在家庭关系，尤其是亲子关系中，设定界限对所有人来说都是一大挑战。成年人往往对于如何驾驭与年迈父母的互动不知所措。父母也应该尊重孩子的界限和需求，即使他们年龄尚小。就连小朋友也可以为自己设定一些界限，比如不吃肉或者不想见某些人，因为感到不自在。父母如果尊重孩子的界限，就能为他们的成长创造一个安全、有爱的空间，促使他们养成清晰表达自己需求的好习惯。反之，如果父母忽略了孩子的选择，孩子就会因此感到孤独和被忽视，认为自己的需求无关紧要，长大后自然就很难为自己设定界限。

兄弟姐妹在成长的过程中也会受界限问题的困扰。年长一点儿的哥哥或姐姐可能会被指派一些具体的任务，比如照顾弟弟或妹妹。但随着弟弟妹妹长到一定的年龄，这一角色就不再被需要了。如果再加入配偶、孙辈和姻亲等关系，原本的亲子关系和手足关系就会变得更为复杂。我们将在本书的第 10 章对家庭关系做进一步探讨。

爱情

在恋爱关系中，当你过度承诺而行动不足时，界限问题就会出现。这通常表现为：你先答应了对方一堆事情，却又来不及全部完成，到头来你还是没能兑现自己的承诺。如果你想改变一些事情的处理方法，一定要说明改变的原因，比如“我不能像从前那样经常在上班时间给你发短信了，因为我们公司换了个新领导，我想给他留下一个好印象”。

如果对对方有太多的期望却又不明确表达，同样会产生界限的问题。一说到爱情，出于某种原因，我们都希望自己的伴侣能读懂我们的想法，不用问就能知道我们想要的一切，殊不知这种期望是不可能实现的。

如果双方从一开始就坦诚相待，坦率地说出对彼此的期望和能为对方做些什么，就能免去不少相互折磨与争吵。在一段长期的关系中，随着双方各自的成长和这段关系的进展，尤其是在同居、结婚和生孩子等关系变化的重要节点上，完全有必要设定一些界限。好在无论是相互认识的初期还是在一起多年以后，界限都能以一种全新的方式将你们联系在一起，为你们营造一个开放、自由的交流空间。我们会在第 11 章对恋爱关系展开讨论。

友情

几乎每个人都交过几个“损友”。有一天，当你回首往事，会不禁想道：“我当初怎么会和这种人成为朋友？他们一贯__________。”这道填空题有很多答案，比如“令我失望”“对我要求太多”“让我感到内疚”“说话不算话”等。不健康的界限会导致不健康的友谊。一切让你觉得付出大过收获的友谊都是不健康的，朋友之间经常以吵架收场也是有害的。

有人说，朋友是你为自己选择的家人。友谊本该为你的生活带来轻松、舒适、支持和快乐，而不是一次又一次的伤害。我将在本书的第 12 章为大家定义健康与不健康的友谊，看看究竟是什么阻止了你拥有健康的友谊。我们还将探讨如何改变或走出一段不健康的朋友关系。

工作

我在心理治疗过程中见过太多每周工作超过 40 小时的人，他们每次进来都显得疲惫不堪、心情沮丧、筋疲力尽。其实，过度劳累往往没有你想象的那样难以控制。你之所以感觉过度疲劳，原因就在于你与上司、同事之间的界限模糊不清。设定界限有助于你在工作和生活之间保持一种健康和谐的状态。如果你无法做到不把工作带回家、在假期里切断所有工作的电话或者在某段时间里完全停止工作，你就是在以牺牲自己和家人的幸福为代价而忽视自己的界限。我们将在本书的第 13 章进一步研究如何在工作场所发现和解决这些问题。

技术

据报道，成年人和青少年的焦虑和抑郁程度日益升高，这一切都是由害怕错过消息的错失恐惧症和社交媒体消费带来的攀比心理导致的。由于不恰当地使用应用程序和社交媒体，恋人或夫妻之间出现不忠行为的比例呈现出上升的趋势。技术为人际关系带来了全新的挑战，这种挑战在短时间内几乎无法消除。

技术还将继续快速发展，所以我们有必要在适当的地方设定界限，以帮助我们在这个飞速发展的时代里保护好自身的幸福和与他人的关系。因此我们每个人都有必要思考一下如何在自己的生活中加入对技术的界限。无论是在普通的人际关系还是家庭关系中，设定（尤其是对孩子设定）使用电子设备的界限都是至关重要的。我将在本书的第 14 章进一步研究关于技术的界限。

金的问题在于不懂得如何拒绝他人，然而界限对我们的帮助远不止于此。

练习

在一张纸上完成以下练习：

① 想一想别人对你说“不”的时候你有什么反应？你能做出更健康的反应吗？

② 想一想你是否有过心里拒绝、嘴上却不说的经历？你本该如何表达自己的界限？

③ 你认为身边的人会如何回应你的界限？是真实情况还是你自己的假设？你过去的哪段经历使你做出了这样的假设？

④ 目前你需要在哪里设定界限？请列出三个或三段你想要设定新界限的地方或关系。

（想了解更多情况，可以在第 305 页上完成自我测评，测一测你的界限是否健康。）

第 2 章
界限模糊导致身心俱疲

埃丽卡一度认为自己必须身兼数职，既要做一名好员工、好闺密，又得做一个令人羡慕的全能妈妈，还要时刻保持神采奕奕，一副每晚都睡足 8 小时的样子。她是一个每周工作 40 个小时的会计师，同时也是一个单亲妈妈。她有两个女儿，大女儿 9 岁，小女儿 7 岁。工作之余，埃丽卡总是开车带着女儿们四处参加活动。大女儿踢足球，小女儿上舞蹈班，两人都是社团里的积极分子，埃丽卡还为她俩分别请了家教。

孩子们的父亲只在经济上提供支持，在养育孩子方面并没有出多少力，但埃丽卡下定决心要尽可能地让女儿们过上最好的生活。

埃丽卡对母亲这一身份的认知源于她身边的女性。这些妈妈无论年轻年长都能独当一面，从不需要任何帮助，以至于大学一毕业，她想都不想就搬到了离家 1 200 多公里的地方，开始了独立的生活。

一年一度繁忙的纳税季如约而至，然而今年的她不如往年那般干劲十足，对这种没日没夜忙工作又忙家庭的日子开始有些吃不消了。以往每顿饭后都收拾得一干二净的碗碟，如今已在洗碗池里堆积如山。以前家里每天洗一次衣服，现在也渐渐改成了两周一洗。她慢慢发现自己经常一边刷手机一边走神，因此耽误了不少正事。由于没有多余的精力准备营养均衡的饮食，孩子们只能跟着她吃些快餐或速冻食品。原先那个三头六臂的埃丽卡不知不觉地进入了罢工的状态。

她心里也曾闪过这样的念头："管他呢！我怎么可能做到工作生活两不误？"既然无法面面俱到，她只能无奈地选择了工作，而尽量压缩与家人和朋友相处的时间。每当女儿们说起最近家里的变化，她都矢口否认。然后，过一段时间，她就会恢复往日的高能状态，每天工作、打扫、做饭、接送孩子连轴转。这种状态维持不了多久，她又会再次无可奈何地对一些事情撒手不管。

朋友们眼看着埃丽卡就要累垮了，纷纷建议她去看心理医生。于是，她终于在朋友的敦促下开始接受心理治疗。她意识到自己的确在社交媒体上多花了不少时间，性格也比之前孤僻了许多，但她不确定这是不是过度疲劳的表现，毕竟工作上并没有遇到什么问题。她特别提到了一点：她完全能胜任自己的工作，并且在工作中获得了相应的支持和回报；相反，日复一日地做家务才是最单调乏味且吃力不讨好的事。况且，在家里她无法像在工作中那样维护自己的权益，受了委屈或挫折更是无处宣泄。因此，她觉得自己再怎么努力也无法成为一个好母亲。

当务之急是埃丽卡必须重新为母亲这一角色设定一些更为现实的预期，也就是设定健康的界限。

初见埃丽卡时，她向我透露自己曾幻想要抛开一切一走了之。这么做并不是因为她不爱自己的孩子。相反，她很爱两个女儿，只是这一切都让她筋疲力尽。孩子们的父亲从不主动出现，对此她十分懊恼。她实在不愿开口求他，哪怕只是接送孩子上下学或参加课外活动这样的小事。她渴望让女儿们过上安稳舒适的生活，却又很沮丧自己不得不独自挑起这副重担。

治疗过程中，埃丽卡时常为自己的负面情绪感到愧疚。在她看来，相比朋友圈里那些任劳任怨的妈妈，自己未免太不懂得珍惜了。既然当初如愿以偿成为母亲，现在又有什么理由抱怨呢？她说："女儿们越长大，我就越想甩手不管。但转念一想，既然已为人母，就要一辈子负责到底。"在轻松自由的畅聊中，埃丽卡终于可以放心地直面自己一直不愿面对的感受。

有一天，她终于恍然大悟，原来自己是把对孩子父亲的愤怒转移到了孩子身上。明白了这一点之后，她开始一步步将重心转向了家庭。她不再抱怨缺人手，而是每月雇几次钟点工来帮忙；时而也会拜托朋友照看女儿们几个小时，以便自己有些独处的时间；她开始让女儿们分担一些家务，这样自己就不用事事操心了。就这样，埃丽卡渐渐放下成为超人妈妈的执念，适时向周围的人求助，努力管理自己的时间和情绪，避免让自己过度劳累。

不设定界限易导致过度疲劳

疲劳的感觉常常一发不可收拾，而设定界限是解决这一问题的良方。过度疲劳是一个人情绪、精神或身体严重透支的后果。在多数情况下，它会导致长期的懊恼沮丧、忽视责任、喜怒无常甚至逃避现实，埃丽卡的情况正是如此。《哈佛公报》上曾刊登过一篇题为“医生的过度疲劳每年要耗费医疗保健系统46亿美元”的文章。医生一旦过度疲劳，后果可能就是严重的医疗事故，如误诊、开错药、忽略重要病情等。

埃米莉·纳戈斯基（Emily Nagoski）和埃米莉亚·纳戈斯基（Amelia Nagoski）是《过度疲劳：破解压力循环的秘密》（*Burnout*：*The Secret to Unlocking the Stress Cycle*）一书的作者。她们认为过度疲劳是由压力造成的，并将其描述为“压力被触发时人体内发生的神经和生理变化”。

造成过度疲劳的原因包括：

- 不懂得适时拒绝
- 不懂得如何拒绝
- 优先考虑他人的需求
- 总想取悦他人

- “超级英雄综合征”（觉得自己无所不能）
- 不切实际的预期
- 做出的努力得不到赞赏

我们不妨据此逐条分析一下埃丽卡的情况。

不懂得适时拒绝

尽管知道繁忙的纳税季即将到来，埃丽卡却不准备集中精力应对工作，相反，她打算继续像平时那样全面兼顾，甚至挑了这个一年中最忙的时候为孩子们多报了一项课外活动。

由于没有帮手，埃丽卡只得每天早起为全家人做好出门的准备，然后送女儿们上学。接着便开始朝九晚五的工作，下班后再去接孩子们放学，送她们去参加各种活动。回家后立即准备晚餐，餐后收拾房间和辅导孩子们做功课。直到安排好她们上床睡觉，她才有时间打开电脑继续工作，睡前还不忘了为第二天做各种准备。勉强睡了五六个小时，一睁眼又是新的一轮循环。

那么，对此该如何设定界限？不少父母都希望能全方位地培养自己的孩子，但这绝不能以牺牲父母自身的健康幸福为代价。埃丽卡完全可以和同小区的其他家长一起拼车接送孩子，也可以每学期只让女儿们参加一项活动，以此来减轻自己的负担。

不懂得如何拒绝

“不”这个字是极难说出口的，尤其是当你一心想完成所有事情的时候。埃丽卡必须学会凡事不大包大揽，也要学会拒绝女儿们大大小小的要求。

对此该如何设定界限？与其同意女儿们参加所有的课外活动，埃丽卡倒不如先让她们试一个学期，一个学期后再看看她们对那些活动是否感兴趣。应该给孩子们一些时间，让她们体验后再做决定。毕竟，学得杂不如学得精。

优先考虑他人的需求

埃丽卡每日的任务清单上没有一项安排是能让自己放松或进行自我调节的。她一心扑在工作、家庭和孩子的事情上，根本没有把自己放在心上。

对此该如何设定界限？建议埃丽卡每天早晨为自己腾出一点儿时间做一件事情，并让它成为一种习惯，比如：

- 做 2 分钟起床拉伸
- 做 2 分钟冥想或静坐
- 做 2 分钟有益的阅读
- 记录自己的一些想法或值得感恩的事情（2~3 分钟）
- 说一句肯定自己的话或说一件当天想做的事（1 分钟就够了）

同时，建议她睡前再重复一遍同样的事情。只要能坚持早晚各做一遍上述任何一件事，就能保证每天都有时间倾听自己的内心。

总想取悦他人

埃丽卡想取悦的人简直太多了，包括她的孩子、上司、朋友。就连在做母亲这件事上，她都想超越自己的妈妈。然而，在试图取悦所有人的同时，她却无力照顾好自己。

对此该如何设定界限？我建议埃丽卡在做任何事之前先问问自己“这件事对我来说重要吗”，然后再选择一件最重要的事去做。我们往往会为了维持一个所谓“完美爸爸”或“完美妈妈”的形象，而硬着头皮做一些自己可做可不做的事情。

超级英雄综合征（觉得自己无所不能）

没有人能做到面面俱到。错误地估计自己的能力就会导致过度疲劳。就拿埃丽卡来说吧，她经常浏览一些妈妈博主们发的亲子照，照片上通常是光鲜亮丽的妈妈怀里抱着打扮得漂漂亮亮的孩子。这使得她一度相信一个人可以身兼数职，同时还能每天换着花样为家人做一桌好菜。她对一个普通女性在处理工作、生活和人际关系时的艰辛从来都缺乏客观的认识，即使这就是她本人生活的写照。

对此该如何设定界限？停止在社交媒体上关注那些看似完美无缺的人。多与那些不掩饰自己会在生活中遇到困难的妈妈们交流，分享彼此应对压力的办法。

不切实际的预期

埃丽卡原先每天固定要洗一大堆衣服、做晚饭、工作和接送孩子，除此之外还要做些其他事情。她对自己的期望显然是不合理且不切实际的，或者说是不可持续的。我建议她问自己几个问题，比如“我这么做到底是在满足谁的期望”“孩子们真的认为我应该有求必应吗”“家里有必要顿顿晚餐都做得那么复杂吗”。问完之后，她开始质疑之前为自己设定的预期是否合理。事实证明，只有设定切合实际的预期才不会给自己带来压力。

对此该如何设定界限？其实，埃丽卡根本不用事事都亲力亲为。她开始慢慢地接受向他人求助或雇人来帮忙，通过把繁重的家务分担出去来减轻自己的负担。尽管我们无法创造时间，但至少可以通过少做一些事或请他人分担一些事来为自己争取时间。

做出的努力得不到赞赏

埃丽卡的过度疲劳并没有影响工作，那是因为她在工作上的努力得到了认可，感觉自己在公司里受到了重视。这种认可会转化成她工作的动力。然而，在家里，她的努力从不被看见。

对此该如何设定界限？说出自己的需求。埃丽卡越来越意识到自己需要一些积极的反馈与肯定，而只有把这一需求告诉家人，她才能获得自己所需的动力。

此处再列举一些导致过度疲劳的常见原因：

- 听他人反复抱怨同一件事情
- 竭尽全力却未能得到赏识
- 给他人的建议不被重视
- 与伤害自己情感的人交谈
- 做令自己不开心的事情
- 担负的职责与身份不匹配
- 对工作、家庭或人际关系有过高的期待
- 不断地想控制超出自己能力范围的情况

当界限问题遇到心理问题

难以拒绝别人、缺乏主见、无力维护自己的主张，这些情况虽然不是心理问题造成的，却肯定会因一些心理问题而加剧。例如“反刍思维”，即被动地重复思考一些负面问题，这种行为常常伴随着一些心理疾病。过度关注他人的反应正是反刍思维的一种表现，它会直接影响我们的行动能力。当界限问题遇到下列心理问题，相互作用之下，其症状就更为明显了。

大多数人选择接受心理治疗的原因不外乎两种：焦虑和抑郁。据美国焦虑与抑郁协会统计，在美国已有 4 000 万成年人被诊断为焦虑，约 2 000 万成年人被诊断患有抑郁症。其中被诊断为同时患有这两种疾病的人也不在少数。

焦虑

焦虑经常是由不切实际的预期、难以拒绝别人、一味讨好、缺乏主见等一系列问题引发的。当客户向我求助焦虑的问题时，我总是陪他们一起剖析生活的各个方面，帮他们找出引发焦虑的诱因，并想办法将其一一消除。

据临床经验总结，引发焦虑最大的诱因就是“不会拒绝”。因此，想解决焦虑问题，首先就要学会设定界限。

“拒绝别人”是所有界限中最有效的一条。可是，人们往往会为了充当好人或仅仅是不想得罪别人而勉强答应做一些自己不想做的事。比如，有些事是我们没时间做或者根本不知该怎么做的，一旦应承下来，便开始终日苦恼，发愁如何才能把事情做完、做好。一个人如果满脑子都是这种担忧，说明他已经焦虑了。因此，在答应做任何事之前，不妨先根据自己的能力和意愿设定一个界限，这样可以有效地减少焦虑的产生。

对自己和他人抱有不切实际的期待也有可能引发焦虑。期待有时会因为与别人攀比而升高，有时则会受到家庭、社会或朋友的影响。如果一个人动不动就焦虑，他就必须先学会判断哪些期待是合理的，哪些是不合理的。

我们可以借助几个问题来判断自己的期待是否合理：

- 我究竟想满足谁的期待？
- 我有时间做这件事吗？

- 如果我不这么做，最坏的结果会是什么？
- 面对这种情况，我该如何严守自己的界限？

对长期饱受焦虑困扰的人来说，最难以克服的一点就是总担心别人会怎么想。当一个人处在焦虑的状态下，他在设定界限时往往会设想出许多不良后果，例如“如果我不这么做，他们就会骂我自私，从此不再理我”。

尽管最糟糕的情况往往最不可能发生，但当一个人焦虑时，他最想避免的往往就是这个几乎不可能发生的情况。事实上，最糟糕的情况不是别的，正是缺乏界限。拒绝他人，你才有机会关注自己，满足自己的需求。

正在与焦虑做斗争的朋友们，建议你们这样鼓励自己：

- 我有权对别人提要求
- 在健康的人际关系中，我的需求是可以被认可和接受的
- 即使设定了界限，对方也会继续与我保持关系
- 即使感觉不安，我也要设定界限

抑郁

在治疗抑郁症时，我面对的其实是患者的绝望。我的治疗方法之一就是帮助患者重拾自信。只要能做到这一点，他们的生活质量就能有所提高。除此之外，我还通过帮他们设定一些简单的界限来为他们的生活重新注入希望。我建议他们从小

事做起，先试着对他人提出一些小要求，并努力让对方答应这些小要求。

举个例子，我会建议他们："下一次你出去吃饭时，如果服务员上错菜，你一定要保证让他重新上一份对的。"向陌生人提出一个不那么难以启齿的要求，在你看来可能是小菜一碟，但当一个人患有抑郁症时，他无论在什么情况下都很难维护自己的主张。一旦完成了这项任务，我的患者就会发现自己的请求是可以被他人尊重的。在此基础上，我们便可以试着提一些更有难度的要求。

难度较小的界限包括：

- 出门采购时接受别人帮你停车
- 当别人说错你的名字时，及时纠正他们
- 在购物时寻求店员的帮助，而不是闷头自己寻找商品
- 不懂就问，不要因为怕麻烦而不懂装懂

如果你患有抑郁症，可以试着为自己每天要做的事情定一个限度，这样的界限会非常有帮助。如果你本身缺乏动力，千万不要计划做太多事情，否则就会把自己推向失败的边缘。

完不成的任务越积越多，这无疑会加剧你的抑郁。这时，你应该把注意力放在那些日常生活的"小确幸"上，比如周末舒服痛快地洗了个澡，去了一趟健身房，或是外出见了朋友。

正在与抑郁做斗争的朋友们，建议你们这样鼓励自己：

- 我可以一点一点地完成自己定下的小目标
- 小成功即大胜利
- 做了总比不做强

依赖型人格障碍

依赖型人格障碍（DPD）患者的最大特点就是无法独处。在没有他人帮助的情况下，他们通常会感到无助。依赖型人格障碍患者与他人的交往是完全没有界限的，他们会不断寻求他人的关注、建议和安慰，过度依赖他人做决定和不断地索取他人的回应。这种过分的依赖常常会破坏他们与别人建立的人际关系。

边缘型人格障碍

边缘型人格障碍（BPD）患者的人际关系注定是不健康的。他们的人际关系通常很不稳定，在与他人互动的过程中，他们会表现得极端个性化，往往伴有一些主观臆想和过激反应。边缘型人格障碍患者的人际关系通常是缺乏界限的，因为他们很难区分自己的要求和他人的底线。可以说，这类患者与他人之间的界限是模糊的。

此外，那些滥用药物、有精神障碍或长期暴饮暴食的人也可能存在界限的问题。

我们再来看看这些问题在自我关系和人际关系中是如何体现的。

当人际关系缺乏界限

卡洛斯自认为是一个合格的朋友。室友开口向他借车，他二话不说就答应了，并坚信对方不会辜负他的信任。

然而事实并非如他所愿，当室友来还车时，卡洛斯瞬间闻到了车里一股呛人的烟味，油箱里的汽油也少得可怜。“怎么会有这种人？不仅在别人的车里抽烟，还把油箱里的油用得一干二净？”卡洛斯怎么也想不通。室友的表现令他很失望，完全辜负了他心中的期待。

与别人沟通自己的界限的确有点儿难，但如果不这样做，就会使自己陷入长期的痛苦。如果不告知对方自己可以接受和不可以接受的事情，就无法与他人建立健康的人际关系。在这一点上，即使我们不采取主动，对方也肯定会有所行动。到时候我们就只能被迫接受他人的规则，任由他人摆布了。

我将在本书的第 6 章教大家如何明确地表达自己的界限。但有一点必须清楚——想让人知道你的想法，就必须把它说出来。如果不明确告诉对方我们的界限，对方就永远无法达到我们的期待。界限不能单靠心领神会。

那些所谓不言而喻的界限常常会被人忽略，比如人们常说的“（我不说）他们也该知道……”或者“按理说……”。那些所谓的“常理”通常来自各自的生活经验，它并不适用于所有人。因此，人际交往重在交流，不要想当然地以为对方了解我们的内心想法。换句话说，我们有责任让对方知道我们的底线，同时也要态度鲜明地维护好这些界限。

过于僵硬或过于松散的界限都有可能使原本健康的人际关系慢慢变质。无论是对一些规则过于严苛，还是任由对方忽视和践踏自己的界限，这样的关系都属于单边关系，也就是由关系双方中的一方承担了绝大部分维持这段关系的工作。

然而，一段健康的关系绝不可能只靠一方唱独角戏，必须靠双方的相互支持来实现。（单边关系仅适用于亲子之间。）

简言之，没有界限的关系是不正常的、不合理的，也是难以经营的。这种关系的形成往往基于一种假设，即假设所有问题都会奇迹般地自动得到解决。事实上，想要一段关系能够自我修复，这简直比登天还难。

在一段没有界限的人际关系中，双方都无法实现健康的自我关爱。事实上，大多数缺乏健康界限的人都错把自我关爱当作自私，总是在这一点上跟自己过不去。他们固执地认为关爱自我就必定要牺牲对他人的关心和帮助。仿佛一旦失去了自己的帮助，对方的生活就会变得一团糟，这种一厢情愿的假设常令他们感到愧疚。

在这类关系中，一方所扮演的角色相当于另一方的帮手。他们会时刻为对方担心，认为没有了他们的帮助对方就无法照顾好自己。此时，他们的注意力是分散的，因为他们要同时在所有的关系中努力去平衡自己与他人的需求。即使他们想要关注一下自己，也依然更倾向于关注他人，并且完全依照他人的想法来做决定。

一段没有界限的关系通常会以失败告终。即使关系尚未结束，一方也已经受够了长期的忍让，矛盾一触即发。此时，一方才惊讶地发现，原来另一方竟过得如此痛苦，要怪就怪彼此从未把心里的不快说出来。

所以，当我们确定了自己想要什么，不妨明确地告诉对方“我需要你做……”，这么做至少能检验一个人是否愿意尊重我们的需求。

在你所有的人际关系中，对方都清楚你希望被如何对待吗？你又是如何对待自己的呢？如果一个人想了解你，他往往会先观察你如何跟自己说话、如何谈论自己以及如何在行动上对待自己，并以此来判断你是否缺乏自信或对别人有强烈的需求。所以，首先要善待自己，因为你的一举一动别人都看在眼里。不过无论如何，无论你是否善待自己，别人都没有权利伤害你。

身体不会说谎

当你心里拒绝、嘴上却不得不答应时，你的身体必定会发出某种消极的信号。比如别人占了你的便宜，你看似不计较，心里却总感觉不舒服。再比如你做事时心不甘情不愿，你的身体也会不那么配合。

所以，你只需用心感受身体发出的信号，比如接电话前发出的一声叹息、极力想躲开某人、做出承诺之前的犹豫不决等，就能准确判断设定界限的需求与时机。有时，这些信号也可能体现为腹部发紧、颈肩酸痛、太阳穴胀痛等症状。待你进一步了解了自己的“症状”，你就会发现，自己居然可以为了照顾他人的感受一而再，再而三地不顾自己的需求。

缺乏界限的人在遇到下列情况时最容易产生怨恨、愤怒和挫败感：

- 感觉需求不被重视
- 设定了界限，但效果不佳
- 答应做自己不想做的事情
- 感觉自己被利用
- 逃避设定界限

怨恨

说到底，怨恨多因失望而起，通常还掺杂着愤怒和担心等复杂的情感。由于这种情绪太过负面，常令人难以启齿，许多人都选择避重就轻，试图用一些消极对抗的方式来淡化它。比如，有些人明明心里愤愤不平，嘴上却闪烁其词、一语带过。有些人则尽量避开对方，或假装无视对方的冒犯，以为这样一来对方就会自觉没趣。

愤怒

愤怒这种情绪常带有敌意或用来表示厌烦，它的表达方式分为内向和外向两种。当一个缺乏健康界限的人内向表达愤怒时，他会进行消极的自我对话、自我破坏、自我责备或自我贬低。他不想把账算到别人头上，却被一腔怒火憋出了一身内伤，于是就出现了焦虑、抑郁等一系列心理健康问题。

愤怒的外向表达通常表现为无端的谴责、成年人式发脾气（如大喊大叫、爆粗口、狂怒、又哭又闹、摔东西、言语辱骂等）以及对他人的完全漠视。

无论是内向表达还是外向表达，愤怒都会给人际关系带来负面的影响。

挫败感

任何人在无法实现预定目标或满足自身需求的时候都会产生一定程度的挫败感。举个例子，假如你鼓起勇气将自己设定的界限告诉对方，却发现对方根本无动于衷，此时的你难免会产生挫败感。遇到这种情况，我们通常会对自己说“反正他们也不会听”或“我已经试过了，不管用”。以上事实表明，挫败感会令一个人失去希望和动力。

但是，一两次挫折又岂能阻止我们在关系中实现自己的界限？设定界限是需要勇气和毅力的，因为过程中会受到各种因素的干扰，比如：

- 对方还没准备好听你的想法

- 由于你没能遵守自己的界限，对方因此误解了你的想法
- 你必须态度鲜明，才能让对方看出你是认真的
- 你只是提了要求，但没有设定界限

无论面对什么样的挫折，都不要轻言放弃。不要让挫败感成为你满足自身需求的绊脚石。

想避免尴尬，但这样做无效

走为上计

“我走了，这样他们就不会再差遣我干这干那了。”我已经不止一次从客户嘴里听过类似的话。把事情全怪罪到对方头上然后一走了之，这个办法看似轻巧，实际上并没有解决任何问题。因为，当你进入下一段人际关系，同样的问题还会再度出现。此外，发达的通信技术已使得我们“无处藏身”，对方的需求，无论是经济上的还是情感上的，都能通过远程技术轻易地得到满足。无论是打电话，还是发消息，费用都不高，如果你走得不够远，对方也能很快就找到你。可见距离已经解决不了问题，单靠身体上的移动终究是“躲得过初一，躲不过十五”。想要问题得到解决，就必须先调整心态，再配合行动，直至最终实现自己的诉求。

事实上，除非你学会向身边的人表达自己的需求，否则

随时随地都会受到不健康界限的影响。

说三道四

说三道四指以下两种情况：

- 对他人评头论足，意图对他造成伤害
- 在背后议论他人

我们往往当面不表明界限，过后再靠吐槽来发泄内心的沮丧。然而，这么做非但不能解决问题，还会使积怨越来越深。无论是想改善与对方的关系，还是想彻底改变长期困扰我们的行为，这一做法都毫无用处。

怨天尤人

怨天尤人同样无法改变不健康的界限。和说三道四一样，抱怨也是处理挫折情绪的一种方式，只不过在抱怨的时候，我们通常扮演的是受害者的角色。这时候，我们常常会说："为什么大家都对我有这么多的期待？我丈夫明知道我需要帮助，他就是不肯帮我。我不明白他们为何自己的事情不自己做（总让我帮忙）？"

我们在叫苦连天的同时，不知不觉地让自己更加相信是别人对不起我们，这样一来不仅没能使心情变好，反而更加心烦了。一旦进入这种情绪，我们就很难分清究竟哪些问题是界限模糊造成的，哪些问题不是。

避而不谈

我买了一辆新车，我既不想把车借出去，又怕跟朋友直说会伤感情。于是我找借口推托了几次，心想这样他们就不会再动借车的念头。没想到他们居然轮番要求我开车送他们去这儿去那儿。所以，不设定界限，麻烦随时都会找上门。

然而，要开这个口谈何容易。为了不伤感情，许多人宁愿选择避而不谈。这么做的结果就是问题不断恶化，委曲求全的一方憋了一肚子火，却还在盼着对方能突然明白他的良苦用心，然后主动做出改变。

举个例子，我大学时期交往过一个男友。一段时间过后，我发现自己对他失去了好感，于是渐渐开始不接他的电话，以为他会明白我的暗示，然后自动退出。偶尔接听一两次电话，我也总是以“忙着学习和打工，实在没空约会”或“作业太多”为借口搪塞过去。其实原因只有一个，就是我不喜欢他了。

几周之后，我实在忍不住了。当他再次打来电话时，我直接在电话里对他说：“我做不到像你喜欢我那样喜欢你，所以你最好别再打电话给我了。”那次之后他果然不再打电话了。我终于如释重负，再也不用电话铃一响就痛苦万分；他也不用再自讨没趣，可以重新去结识喜欢他的人，结局皆大欢喜。

逃避对任何人来说都不是一种有效的策略。我们可以尽量委婉地表达自己的界限，比如“不，谢谢，这不适合我，我对此不感兴趣”，也可以直截了当地拒绝，比如“不行，我的车不外借”。总之不要浪费时间去揣测彼此的心意，因为这么做毫无意义。

绝交

“绝交”指的是一方突然切断与另一方的联系，有时甚至不做任何解释。在决定与他人绝交之前，不妨先回答下列几个问题：

- 对方知道我对这段关系存在什么不满吗？
- 我是否尝试过设定界限？
- 我是否坚持自己的底线并且要求对方也尊重我的界限？

一个人在什么情况下会产生绝交的念头？一是当你认定对方已无法做出改变或不可能尊重你的界限，二是当问题已经严重到你不想挽回的程度。切断所有的联系似乎是解决人际关系问题的一条捷径，但这么做通常是万不得已。如果想让一段关系保持健康，就一定要知道彼此的底线。

练习

本章的讨论是由埃丽卡过度疲劳的故事展开的。我与客户分享过一种在静修时学到的练习，许多客户都认为十分有效。这个练习被称作“你的盘子里有什么”，它能帮助你在计划做更多事情之前先对手头已有的任务进行有效的梳理。具体方法如下：

在一张纸上写下你所有的任务、活动以及你在生活中的不同身份所附带的责任。根据下列符号的含义来标记每一个事项（有些事项可能需要用到多个符号）。

☺ 喜欢做的事
◷ 耗时较多
★ 耗时最多
✔ 能让我精力充沛
1 自己的事
2 别人的事

完成之后，请回答下列问题：

- 清单上哪些事项的标记出乎你的意料？
- 这份清单上还缺什么？
- 必须删掉哪些事项才能腾出时间来做你喜欢的事？

第 3 章
为什么健康的界限难以设定

父母离婚那天，母亲面无表情地对贾斯廷说："你现在可是一家之主了。"那一年，贾斯廷 12 岁，他仿佛一夜之间就长大了。从那时起，照顾弟弟的任务就落在了贾斯廷的肩上。他每天一放学就回家照看弟弟，除了负责他们的晚餐，还要哄他们睡觉，甚至连和朋友出去玩的时候都要带上他们。

贾斯廷的母亲很少在家，对家里的事几乎不闻不问。离婚后不久，她就患上了抑郁症，工作以外的大部分时间都郁郁寡欢、萎靡不振。父亲倒是很快就过上了新生活，迅速结识了一位带着孩子的单亲妈妈。贾斯廷成了名副其实的一家之主，小小年纪就要照料一家人的大小事务，同时还是这个家的精神支柱。

母亲时常向他哭诉离婚后的感受，就连如何照顾弟弟这种事都要他拿主意。在一群同龄人当中，贾斯廷显得少年老成。就因为他比别人懂事，朋友们总爱和他聊心事。

直到我认识他的那一年，29 岁的贾斯廷还在对弟弟们牵肠挂肚。事实上，他除了对自家弟弟这样，对生活中的其他人也是有求必应。朋友们凡事都爱找他出主意，一和家人闹矛盾就打电话找他，他的那几个弟弟更是把他当作人肉提款机和情感垃圾桶。总之，无论在哪里他都是一个负责任的问题解决者。29 岁那年，他厌倦了这种生活，却苦于没有出路，毕竟，人人都那么需要他。

贾斯廷与他人的相处模式甚至影响了他的感情生活。他每次谈恋爱都像是有“要务”在身，因为每个约会对象都“碰巧”有事要他帮忙。他最长的一段恋情也不过维持了 9 个月，分手的原因很简单，一旦对方不再需要他，两人的关系也就该结束了。

贾斯廷向来只知道付出，从不有求于人。他是一个自力更生的人，绝不允许自己无助到需要找人帮忙。甚至连女朋友想做点什么来讨好他，他都会觉得不自在。他向往结婚生子，但现有的家人和朋友已将他缠得脱不开身，生命中再出现任何一段重要关系对他来说都是个挑战。

贾斯廷的问题在于他需要学习如何承认自己的情感需求，并接受他人的帮助。父母离婚这件事使他得出了两个结论：一是他的需求对别人来说太复杂了，二是他更擅长付出而不是索取。毫无疑问，他的情感问题正是他小时候经历的情感忽视带来的。

情感忽视指的是一个人在成长过程中没能从父母或监护

人那里获得足够的情感支持。这类父母或监护人往往不了解孩子的需求，或者低估了培养孩子情感健康的必要性。经历过情感忽视的人大多会对自己的遭遇感到困惑。然而，情感忽视和情感虐待之间还是有本质区别的。前者属于无意的行为，后者则更偏向于故意伤害。

情感忽视的受害者往往难以与他人发展出健康的亲密关系，他们在一段关系中不是过度焦虑就是过度逃避。

在贾斯廷的康复计划中，首要任务就是学会与父母和兄弟划定情感界限。一开始，他感觉很不适应。他宁肯立即动手解决问题，也不想对前来求助的弟弟说“你先去问妈妈吧”。想到要拒绝妈妈，不再听她诉苦，他也常常于心不忍。

但久而久之，贾斯廷注意到家人对他的看法已经悄悄发生了改变。于是，在与家人或女友相处时，他开始下意识地多聊一些关于自己的话题，也开始相信其实大家是在乎他的感受的。随着恋爱关系的日渐稳定，他和父母的关系也逐步走上了正轨。终于，他克服了最初的不适，渐渐学会了如何与他人沟通和维护自己的界限。

关于界限，这样想就错了

在一段关系中，我们有责任告知对方自己的心理负担有多重。贾斯廷心里明白自己有多渴望卸下这个一家之主的担子，他厌倦了当妈妈的情感支柱，也知道自己的恋爱一直很不顺利。但他并没有意识到这些问题都只能靠设定界限来解决。

“责任在对方，不在我”

每当涉及关系问题，我们总是习惯性地认为是对方的错，对方必须做出改变，却从未意识到很多事情是自己力所能及的，比如设定界限。设定界限意味着我们要改变原先对一些事情的容忍度，从而改变原有的相处模式。

“我试过了，但效果不佳”

设定了界限却未见效果，大多数人会觉得气馁，认为这个方法行不通。然而，提出的要求得不到对方的响应，原因可能有很多种。因此，沟通的方式是关键，沟通过后的行动也很重要。（你将在后续的内容中学习到设定和维持界限的最佳方法。）

曲解界限的含义与作用

关于界限，人们最常见的误解莫过于在界限与拒绝之间画等号。实际上，设定界限的方式有很多种，拒绝只是其中的一种。比如贾斯廷就采取了一种引导的方式，针对某些问题，他会引导弟弟向母亲求助。同时，他也对自己设定界限，要求自己更加主动地与他人分享情绪。母亲再来向他吐苦水时，他并没有一口回绝，而是坦率地表示自己会对某些话题感到不舒服。由此可见，设定界限并不一定非要拒绝别人。

是什么阻碍了我们设定界限

没意识到自己需要设定界限

我们已经在本书的第 1 章探讨了需要设定界限的几种征兆。其中最明显的症状就是忽略自我关爱、感觉不堪重负、怨恨、逃避。当以上任何一种症状出现时，就该考虑设定界限了。

我们之所以默许界限问题的存在，是因为我们对自身的感受不甚了解，从而察觉不到这样或那样的不适。虽然看得出哪里不对劲，却无法知晓其原因。

电影《不一样的天空》向我们展示了一个很好的例子。由约翰尼·德普饰演的男主人公吉尔伯特是一个被迫承担家庭重担的年轻小伙子。他的母亲因无法接受丈夫自杀的事实而暴饮暴食，导致体重激增，常年足不出户。所以他不仅要照料弟弟妹妹，包括由莱昂纳多·迪卡普里奥饰演的自闭症弟弟阿尼，还要照顾由于过度肥胖而行动不便的母亲。

吉尔伯特渴望摆脱家庭的束缚以获得正常的社交生活，这个看似简单的愿望却难以实现，原因就在于他缺乏健康的界限。他的姐姐和弟弟纷纷开启了自己的新生活，姐姐成了一家面包店的经理，大弟弟去上了大学，唯独他没有勇气迈出这一步，这使得他和贝琪（一位路过他们小镇的姑娘）的恋情刚开始便没有了下文。吉尔伯特感到惋惜，却不明白只需一道健康的界限，自己就有机会活出另一片天空。

只关注最坏的情况

我们总担心会出现最坏的结果，殊不知那些最坏的情况往往也最不可能发生。这种无谓的担心常令我们在设定界限时裹足不前。

下列想法就是这种思维的最典型体现：

- 万一他们生我的气了怎么办？
- 万一他们从此不理我了怎么办？
- 万一我说错话了怎么办？
- 设定界限会不会显得我太斤斤计较了？
- 万一他们认为我这么做太自私了呢？
- 我觉得没人会在乎我的想法。

这种由于过度担心而导致的思维方式实际上是在对事情的结果进行错误的假设。没有人能预知未来，同理，在谈到界限问题时，我们也无法预测对方的反应。唯一可控的就是我们自身的行为。对亲情或友情的珍视会使我们变得患得患失，于是界限问题成了大家都不敢碰触的敏感话题。

无法忍受设定界限引起的心理不适

设定界限会引起心理不适，这些不适足以令大多数人畏惧不前。由于担心自己应付不了那些极度尴尬的对话，许多人宁愿选择沉默。我在为患者提供治疗时通常会教他们如何管理这些不安的情绪。其实那些尴尬的画面大多来自我们的想象，即便真的要经历一番尴尬，那也只是在开始的阶段。如果不经历开始阶段的短暂不适，你就不得不长期忍受缺乏界限的痛苦，因为一段不健康的关系势必会长期影响甚至损坏我们的身心健康。只要学会管理自己的情绪，积累一定的经验，设定界限就将不再是什么难事。

通过什么渠道来认识界限

一切始于家庭

由于人天生就有满足自身需求的欲望，所以我们从小就懂得以哭闹来表达自己的需求。我们甚至学会了察言观色，通过观察父母和其他看护人的反应来判断自己的需求是否能得到满足。因此，父母或看护人的反应无形中成了我们建立健康或不健康界限的导向。

家就是每个人生命中的第一所学校，父母就是我们的第一任老师，其次是家里的其他人，包括兄弟姐妹和亲戚。多数情况下，我们在家庭关系中设定的界限就是父母从小给我们立下的规矩。然而，界限也不见得都是规矩。父母对孩子的界限除了规矩之外还包括期望和选择。父母和看护人在对孩子表达期望时从来都很自然，感觉是理所应当的事。孩子却往往觉得自己无权对他人提出要求。

尊重孩子的界限

我的大女儿才 4 个月大时就懂得对当地一家亲子健身房里的保育员表示反感。她平时从不介意被人抱，却唯独嫌弃这位保育员。那段时间，只要把她送去托管中心，她就哭个不停。好几次我都不得不提前下健身课去托管中心接她。经过几天的观察，我终于发现她只有在那位保育员在场的情况下才会哭闹。找到原因之后，我决定每次去健身房之前都先打电话确认一下当天的保育员是谁。女儿在 4 个月大的时候就清楚地表达了自己喜欢或不喜欢一个人的偏好。作为母亲，我尊重她的选择，而不是强迫她和自己不喜欢的人待在一起。

每个孩子都有自己的界限，除非有人用行动或语言告诫他们不可以有界限。孩子对食物的偏好就是一种界限。他们虽然不懂哪种食物更有营养，但绝对清楚自己不喜欢吃什么，因为他们更在乎的是食物的口感、气味、颜色和味道。

当孩子明确表示自己不喜欢某种食物时，家长通常会做出以下反应：

1. 提供别的选择（里面可能包括他不想吃的食物）。

2. 坚持让孩子吃他们表示不喜欢吃的东西。

3. 罚他不准吃任何东西。

下面是孩子对以上三种反应的解读：

解读 1：我明白你的意思，但我不希望你饿肚子，所以我尊重你的选择，给你提供了别的食物。

解读 2：你喜不喜欢不重要，我这么做都是为你好。

解读 3：表达自己的选择就要受到惩罚，一切都按我说的做。

当一个小孩明确地对大人表示“我不喜欢和你的朋友拥抱”，大人通常会做出以下反应：

1. 允许孩子自行选择对谁表示好感。
2. 硬逼着孩子和那位朋友拥抱。
3. 以“拒绝别人的拥抱很不乖”来哄骗孩子，或者以“你不拥抱他，我就揍你”来吓唬孩子。

下面是孩子对以上三种反应的解读：

解读 1：我明白你的意思，如果你不想对某人表示好感，我会尊重你的选择。

解读 2：你喜不喜欢不重要，我做的一切都是为你好。

解读 3：表达自己的选择就要受到惩罚。不要让你的父母难堪。别人的感受比你自己的感受更重要。

要培养健康的孩子，就一定要让他们拥有健康的界限，这一点非常重要。我们可以从允许孩子有自己的喜好和选择做起，比如了解并尊重他们喜欢吃什么、喜欢穿什么、喜欢什么人，了解他们的感受以及他们允许什么人接近自己。

以身作则

孩子从不善于听从大人的话，却总在模仿大人的一举一动。

——詹姆斯·鲍德温

父母是孩子最好的榜样。缺乏健康界限的父母同样会为孩子提供不良的示范。我接触过许多不太懂得关爱自己的女性患者，当被问起“你母亲年轻时懂不懂得关爱自己”时，她们的回答全是否定的。

她们不仅不懂得如何关爱自己，甚至会对一切自我关爱的行为感到非常内疚。她们从小就被灌输了“自我关爱就是自私”的观念，认为只要关心自己就算不上一个好人。在她们的成长过程中，母亲示范了一个无私的女性形象。同为女性的她们自然会以此为榜样，长大后便成了母亲的翻版。但是，她们没有看到母亲累垮的一面，因为上一代人常把无私奉献看作自己的本分，所以从不叫苦叫累。

如今，人们对自我关爱的认识和需求与日俱增，对自我关爱的行为也更容易接受了。然而，观念的转变并非是一朝一夕的事。就在几十年前，关于自我关爱的文学作品还少之又少。直到2018年，美国最大的零售连锁书店巴诺书店关于自我关爱的书籍销量才勉强超过了饮食运动类的书籍。

在过去的几年中，人们渐渐开始了解体重问题常常是心理和情感问题的体现。然而，许多人还没有意识到的是，自我关爱不足也是界限问题的一种。当我们坚持锻炼的时候，一般会给自己设置一些预期，如哪些行为和习惯是自己可以接受或不能接受的。如果不设定健康的界限，这些预期就很难实现，比如根本没时间去健身房，或无法保证饮食的健康和规律性。

那些不准说“不”的时候

孩子最先从父母那里学会何时何地可以对别人说“不”。这种学习有时是直接的，有时是间接的。直接的学习指的是观察父母被别人拒绝时的反应，这里的“别人”包括兄弟姐妹、其他家庭成员或家庭以外的成年人。父母对一件事情的反应等于直接在告诉孩子对这类事情能否说“不”。如果孩子得到的信息是不能说“不”，那么他们长大后就很难再拒绝类似的事情。

这种信息往往不用明说，比如，父母根本用不着说“不准对我说‘不’”，只需一些小小的举动，孩子便心领神会了。例如对孩子不理不睬、不理会孩子的担心，甚至嘲笑孩子的需求，这些行为就等同于在告诉孩子，此事不准说“不”。

向他人学习

家庭是每个人成长的第一所学校。除此之外，我们还会向生命中出现的其他人学习，这些人包括老师、同龄人、影视圈名人以及其他成年人。

童年经历带来的影响

创伤

创伤指的是任何使你感到强烈痛苦的事件或生活经历。这里所说的经历并不一定都是亲身经历，有时候通过观察他人的经历也会使自己受到创伤。举个例子来说，一个长期目睹家庭暴力的小孩，即使自己从未遭受过毒打或辱骂，心灵也会受到创伤。下列几种情况都有可能导致创伤：

- 亲人的去世
- 一场飞来横祸
- 被虐待或忽视
- 被欺凌
- 被抛弃
- 父母离异
- 父母有一方进了监狱

经历创伤之后，我们的大脑和身体就会自动进入生存模式。在这种模式下，不健康的界限就成了我们赖以生存的工具。一旦我们把生存建立在与他人的关系上，便很难再为这些关系划定界限。道理很简单：当一个人走投无路，面前只有一种选择时，他一定不敢冒险为这个选择设定任何界限。

虐待

无论是身体虐待还是精神虐待，都是越界的表现。如果一个人没有意识到自己受到了虐待，他很可能从一开始就默许了这种虐待关系的存在。那些身体或精神虐待的受害者往往很难对他们的施虐者设定界限。

当一个被虐者开始从自己身上找原因，或者开始与施虐者产生共情，这说明他们二者之间产生了一种创伤关系（或称创伤性联结）。创伤关系会限制我们设定界限的能力。由于我们不断地在自己身上找原因，所以会根本想不到要与对方划定界限。成长环境中接触过虐待的孩子，成年以后与人建立创伤关系的可能性要比在一般家庭里长大的孩子大得多。同时，这种虐待的关系持续时间越长，就越难摆脱对方的控制。

家庭成员中也可能存在创伤关系。比如，一个孩子如果认为自己无论是挨骂还是挨打都是自找的，无论别人对他做了什么，责任都在他，那么他和家人的关系就属于创伤关系。

在面对言语和身体虐待时，创伤关系通常表现为："要是我当初好好听话，妈妈就不会冲我大喊大叫了。""我爸喝酒了，早知道就不该向他要任何东西。他每回喝酒都打我，我躲得远远的才对。"

这种自虐的心理在成年人的人际关系中的表现可能稍有不同，但仍看得出创伤关系的存在。比如，"我的伴侣不喜欢回答问题，所以我一有事情问他就要被他吼。我最好自己把事情搞定，省得又惹他不高兴。""我妻子一生气就朝我扔东西。

这就是她处理愤怒情绪的方式。”

一个人的思想被操纵，不由自主地相信受虐都是自己的错，这种情况就属于越界。无论出于什么原因，被人虐待都是万万不能接受的，即使对方是你的父母、伴侣或亲信。接受虐待就等于接受了对方对你的操控。遭受过虐待的人都有一个共同点，就是很难相信别人会愿意配合和满足他们的期望。

身体忽视

身体忽视指的是看护人没有为孩子提供成长所需的物资，忽略了对孩子身体上的照料。身体被忽视的孩子很可能营养不良或看上去邋里邋遢。这种情况常被认为是家庭经济困难造成的，事实却并非如此。在一些有稳定收入的家庭里，身体忽视的情况依然存在。

情感忽视

情感忽视指的是对孩子缺乏足够的情感关注。那些在情感上忽视你的亲人并不一定都是恶人，因此被忽视者往往会与他们产生共情。这听起来可能有点讽刺，但过度亲密有时反而会导致情感忽视。

过度亲密会阻止个性的发展，会让我们觉得自己的一举一动随时会影响到他人的感受。因此，我们会尽量收敛自己的个性以避免发生不必要的情况。但满足父母的情感需求从来就不是孩子的义务。

在此，我想对那些童年曾经历过情感忽视的朋友说，你根本就不用：

- 成为一家之主
- 为你的父母排忧解难
- 照料你的兄弟姐妹
- 在无人看管的情况下学做家务
- 打理一个乱糟糟的家
- 独立思考一些复杂的问题
- 小小年纪就天天为钱操心

孩子一旦无奈地成了小大人，他的界限就会一而再，再而三地被打破。就拿贾斯廷的例子来说，年幼的弟弟需要人照顾，这个责任本该由家里的其他成年人来承担，比如爸爸或爷爷奶奶，最终却落到了贾斯廷的肩上。想想看，这对贾斯廷与父母以及弟弟的关系造成了何等伤害。由于要负责满足弟弟的各种需求，他和弟弟之间就不可能存在正常的兄弟关系。对于父母，他只能无条件地提供情感支持，自己的情感需求却从未被父母满足。

我们一旦被忽视，便很难相信别人会愿意接受我们提出的请求。本书的第 8 章将深入探讨创伤会如何影响我们设定和执行界限的能力。

阻止我们设定界限的思维模式

无法充分设定界限的9个潜在原因：

- 害怕被人瞧不起
- 担心会撕破脸
- 总想取悦别人
- 对设定界限后的交往感到焦虑
- 对设定界限信心不足
- 想通过帮助他人来实现自己的价值
- 把自己被拒绝的感受投射到别人身上
- 感觉无从下手
- 认为在某种关系中不该有界限

害怕被人瞧不起

人们往往害怕被贴上“斤斤计较”的标签。“斤斤计较”到底是什么意思？当一个人嘴上说“不是我斤斤计较”，心里早就认定了自己后面要说的话会被对方看作在斤斤计较。但你又如何知道对方是怎么看待“计较”的呢？事实上，你根本无从知晓。一切的担心都来自你的假设。既然要假设，何不假设对方会完全理解并接受你说的话呢？

担心会撕破脸

界限重在表达。本书的第二部分将带领我们深入研究如何正确地表达自己的界限。我们总以为和对方摊牌就必须大吼大叫甚至恶言相向，尤其是当两人的关系已处在破裂的边缘时。其实，如果你早有预料，不妨试着更礼貌地表达自己的界限，事情也就不必发展到这个地步了。然而，即使不得已走到了这一步，也不妨先练习一下如何表达，以便自己的话听起来更自信、更有主张，根本用不着撕破脸。

总想取悦别人

执行界限的过程中要克服的最大困难就是要接受别人对这些界限的不理解、不喜欢，甚至是非议。只要你不再总想着取悦别人，事情就简单多了。相较于实现拥有健康的人际关系这个总体目标，损失一点儿人气实在不算什么。

讨好型人格的人总爱过分考虑别人的想法与感受。他们总想让自己看起来心地善良、乐于助人、热情大方。对于这样的人，设定界限尤其困难，因为他们极怕遭人讨厌。这种恐惧已经大到令他们宁愿选择忍气吞声也不愿冒险去设定界限。

对设定界限后的交往感到焦虑

这里的焦虑指的是“一旦我摊了牌，气氛就会变得很尴尬”。俗话说“怕什么来什么”，如果你预先设想下一次见面会很尴尬，事情就一定会如你所想。既然如此，何不试试假设一切正常呢？告知对方你的界限，然后正常行事。既然无法控制对方的反应，自己就要先心不畏而行不乱，这样才能让一段关系平稳地朝健康的方向发展。先做好自己的本分，才能影响另一方共同来遵守这段关系里的界限。

对设定界限信心不足

你关注并处理了所有问题，唯独忽略了界限。你认为就算自己设定界限，对方也会置之不理。你过于担心所谓最坏的结果，甚至开始怀疑界限的作用。但请相信，只要你坚决执行自己的界限，对方就一定会跟着重视起来。当然，在这个过程中你必须坚持不懈，持之以恒。

想通过帮助他人来实现自己的价值

乐于助人是一种好品德，但成为一块“砖”并不代表你要“哪里需要哪里搬”。乐于助人和设定界限，两者并不矛盾。界限就是用来提醒自己助人的能力和意愿是否成正比。无论如何，助人为乐也是需要界限的，尤其当你以牺牲自己为代价去关怀别人时。

把自己被拒绝的感受投射到别人身上

你讨厌被人拒绝，所以你从不拒绝别人。想要而不可得，这种感觉的确不好受。但被人拒绝并不是一件坏事，这至少说明对方做事是有底线的。所以，只有学会更好地接受别人的拒绝，你在设定界限时才能更好地与对方产生共鸣。切莫一厢情愿地认为对方的感受会和你一样，也不必事先对别人的反应妄加揣测，或许他很乐意接受你的界限呢？

感觉无从下手

万事开头难。常常有人会问“我该说什么”“万一他们反对呢”，因此本书将重点回答以下几个问题：该说什么、选择什么时机说、说完效果不好怎么办。当一个人长期深陷不健康的关系，就会感觉无从选择，于是渐渐习惯了放弃选择。事实上，一个人可以选择在不同的场合实现不同的界限。通过阅读本书，你定会在这方面有所收获。

认为在某种关系中不该有界限

换一个角度看问题，事情就简单多了。比如，与其说“绝不能告诉妈妈我不喜欢什么”，倒不如想一想“如何告诉妈妈我不喜欢什么”。任何一种关系都需要界限。关键在于如何设定界限，而不是该不该设定界限。大多数人认为和家人设定界限是最难的，但“难”并不代表“行不通”。事情本身也许并不难，难就难在如何克服自己的畏难情绪。总考虑最坏的结果才是完成这件事最大的障碍。

因设定界限而产生的心理不适

在设定界限的过程中，你的心里会有种种不安，比如内疚、悲哀、背叛或懊悔。这取决于你与对方的关系，你与这件事情的关联程度，以及你们的关系在没有界限的情况下坚持了多久。

以下三种做法只会延长或加剧你的不安：

- 大事化小：否定一件事情的影响或弱化事情本身的意义，比如“我约会被放鸽子了，不过没关系，反正我还有其他事要做”。
- 小事化了：心里不安，外表却装作若无其事的样子。
- 迅速翻篇：越是试图强压内心的感受，假装云淡风轻地应对一段痛苦的经历，这种感受就会欲盖弥彰。没等伤口愈合就匆忙上路，日后定会出现相同的甚至更严重的后果。

内疚

“如何做到设定界限又不感到内疚”这个问题常年位居网友提问排行榜的榜首。每当看到这个问题，我的第一反应便是“做不到”。身为一名心理治疗师，我怎么可以随随便便就说做不到呢？我难道没有既设定界限又不会内疚的小窍门吗？可是，没有就是没有。我唯一能做的就是帮你梳理这些不安的情绪，让你或多或少感觉舒服一些。设定界限本来就包括应对不适这一心理过程。本书的第 6 章将深入探讨如何管理因设定界限而产生的不安情绪。

悲哀

谁都不想被贴上斤斤计较的标签，这种事想想都觉得悲哀。如果连你自己也认为设定界限就是爱计较或自私自利，那么你事后一定会内疚自责、惴惴不安。当务之急是重新定义你对这个过程的看法。

要重新认识设限的意义，不妨参考以下几种观点：

- 设限是维护自身利益的一种方式
- 设限是维持和完善人际关系的一种方式
- 设限是表达“喜欢对方并且邀请对方共同努力维持一段关系”的最完美的方式
- 设限是自我关爱的表现

思考过后，请重新形容一下你对设定界限的看法。

背叛

设定界限并不代表你要背叛家庭、朋友、伴侣、同事以及其他任何人或事。相反，不设定界限才是对自己的背叛。切勿为了取悦他人而背叛自己。唯有改变对界限的看法才能更自如地应对随之而来的各种不安。

懊悔

“我那么说了吗？天哪，我肯定是说错话了。”想否定自己先前说过的话一点儿也不奇怪。在设定界限时，我们往往像做错了事的小孩一样不知所措。事实上你并没有做错什么。不妨重新定义一下你对界限的理解，唯有思想上的转变才能最大限度地减轻内心的不安。

在这一章里，我们分析了阻碍设定界限的种种因素，其中包括你对自己和对他人的感觉、想法和限制。当你慢慢习惯了为自己设定一些界限，这个过程就会变得越来越自然。

练习

在一张纸上完成以下练习：

① 在你家，父母通常用什么方式使你了解界限？

② 你的父母或看护人尊重你的界限吗？他们以什么方式来体现对界限的尊重？

③ 你的界限是如何被侵犯的？

④ 你何时开始意识到自己很难设定界限？

⑤ 对你来说，设定界限最困难的部分是什么？

第 4 章

生活中常见的 6 种界限

亚历克斯绝对是那种见面不到 10 分钟就能把自己所有隐私都告诉你的人。她是出了名的黏人精，恨不得随时随地跟你分享她的生活。而且，这种分享必须是相互的，一旦得不到对方的回应，她就觉得是对方出了问题。她的交往模式就是“分分钟黏上你”。

终于，一位闺密忍不住向她提出了她们的友谊需要一点儿空间。这一想法得到了另一位朋友的支持，理由是亚历克斯的确太爱分享、太黏人了。面对朋友接二连三的质疑，亚历克斯带着满腹疑问来到了我的诊室。

初次见面，亚历克斯不仅规规矩矩地回答了所有首诊必答的问题，还额外做了一些补充。她开始飞快地讲述自己的故事，生怕漏掉任何一个细节。面谈接近尾声，我问道 ：“你刚才为何又写了好多不需要回答的信息？”

她答道 ：“我想让你更全面地了解我。”

几次见面过后，我发现了亚历克斯的一些特点。她认为与人交往就必须了解这个人的全部。然而，她每次的谈话内容都只停留在事情的经过与细节上，从未触及自己内心的感受。关于这一点，我终于在后来的一次谈话中找到了原因。

又经过几次深谈，亚历克斯说："我爸和我无话不谈。"亚历克斯的父亲甚至把母亲有外遇的事情都一五一十地告诉了亚历克斯，他的相处逻辑就是"毫无隐瞒"。每当亚历克斯与父亲说起自己的事情，父亲总是第一时间告诉她该如何处理，从不给她独立思考的机会。

久而久之，亚历克斯习惯了做任何决定都征求父亲的意见，甚至觉得没有父亲参与的决定都不保险。父亲却总对她吹毛求疵，从不顾及她的感受。

朋友们因受不了亚历克斯时时刻刻的纠缠，纷纷开始疏远她。亚历克斯一脸无辜，全然不知自己的行为已经侵犯了别人的界限。在她看来，朋友之间就应该亲密无间、不分你我，毫无保留地相互交流、相互肯定。看来，她与父亲之间这种看似正常的交流方式，在与同龄人交往时不太行得通。

因此，我的主要工作就是帮助亚历克斯分辨自己的真实感受，不凡事苛求自己，帮助她提高自信，相信自己有能力做出健康有益的选择。同时她还要掌握与人交往的分寸，学会在合理的时间，以合理的频率，适当地与人分享自己的生活。

本章将重点介绍生活中常见的 6 种界限，它们分别是物理界限、性界限、认知界限、情感界限、物质界限和时间界限。

物理界限

“物理界限”指一个人的个人空间和他能够接受的身体接触程度。“物理空间”就是一个人周围的自然空间。每个人对自己的身体都有一定的了解，知道怎样的环境能让自己感觉舒适，因此对物理空间的需求也各不相同。至于什么样的身体接触才是恰当的，看法更是因人而异。由于物理界限会随着我们身处的环境、关系的亲疏以及舒适感的变化而变化，我们更应及时向对方说明自己对个人空间的要求和对身体接触的限制。

举几个侵犯物理界限的例子：

- 强迫对方与自己握手、拥抱或亲吻
- 站得离对方太近
- 对方已明确表示不愿当众示爱，仍牵着对方的手不放
- 以对方认为不恰当的方式接触对方的身体
- 偷看他人的日记或以其他方式侵犯他人的隐私

面对以上情况，我们可以这样设定物理界限：

- “我比较习惯握手，不习惯拥抱。”
- “请往后退一点儿。”
- “我不喜欢在别人面前秀恩爱，不如等回到家关起门来再说吧。”
- “跟你说过多少次了不要揉我的背，这样我会很难受。”

- “这都是我私底下写的东西，请不要随意翻看，否则就是侵犯我的隐私。”

关于执行物理界限的小建议：

- 口头要求对方与自己保持一定的身体距离
- 明确告知对方什么样的身体接触会令自己感觉不舒服

然而，一个人的生活需求和对一段关系的期待并不是一成不变的。这些需求和期待一旦发生变化，物理界限也会随之改变。因此，如果你发现自己与对方的相处不再像过去那样自然舒服，这很可能是一个信号，提醒你是时候设置物理界限了。比如，你过去一直习惯和某人拥抱，可最近一和他拥抱就浑身不自在，那么你完全可以让他换一种方式打招呼，别再动不动就抱你。

性界限

绝不能未经他人允许就触摸对方的身体，更不能对未成年人实施任何性行为。一切未经双方同意的身体接触、性言论或者性行为都是违反性界限的表现。绝不允许带任何未成年人到与性有关的场合，也不准当着他们的面讨论与性有关的话题。由于未成年人尚不具备明确性界限的能力，成年人在面对未成年人时要时刻注意自己的言行举止。

与大多需要明确表达的界限不同，有些性界限即使不说大家也应该自觉遵守，比如不准对他人实施强奸或骚扰。这些规则一旦被破坏，轻则违背公序良俗，重则触犯法律法规。

举几个侵犯性界限的例子：

- 性虐待，强奸
- 使用与性有关的言语对某人评头论足
- 带有性暗示的身体接触
- 用言语或行为挑逗对方
- 讲黄色笑话

面对以上情况，我们可以这样设定性界限：

- “我完全不想和你发生性关系。”
- “你的这番评论让我很不舒服。”
- “把你的手从我的腿上拿开。”
- “住手。”
- “你的笑话一点儿也不好笑。请你自重一点。”

关于执行性界限的小建议：

- 不姑息任何不端的性行为，一经发现立即告发
- 不为自己的处理不当找借口

认知界限

此处的"认知"指的是一个人的思维和想法。人人都有权对任何事发表自己的看法。他人则无权忽视、轻视或取笑你的观点。

然而，根据特定的情况选择合适的话题则是尊重认知界限的另一种方式。比如，父亲选择在亚历克斯年幼的时候告诉她母亲出轨的事，虽然他没有歪曲事实，但是让一个年幼的孩子接收这样的信息显然不合适。父母和孩子之间进行不恰当的交谈也是对孩子认知界限的一种侵犯。

举几个侵犯认知界限的例子：

- 针对某人的信仰或观点给他取绰号
- 当着孩子的面贬损他的父亲或母亲
- 一言不合就大吼大叫
- 嘲笑某人的观点或想法
- 因意见不合对某人视而不见

面对以上情况，我们可以这样设定认知界限：

- "这种玩笑很伤人，你冒犯到我了。"
- "我认为跟孩子说这些不合适。"
- "如果你继续这么扯着嗓子喊，我就不跟你说话了。"
- "你可以不同意，但没必要这么做。"

- “我只不过表达了自己的观点，你就不理我了，这是为什么？”

关于执行认知界限的小建议：

- 作为父母，要克制自己，坚决不和孩子讨论大人之间的问题
- 尊重所有与自己不同的人和观点

情感界限

我们之所以和他人分享自己的感受，当然是希望获得对方的支持和认可。然而，这个合情合理的要求对有些人来说来之不易。这些人的情绪不被重视，感受也常常被忽略，其实这都是情感界限被侵犯的表现。情感界限被侵犯的人通常很难再对别人吐露心声。

亚历克斯每次与父亲分享自己的感受都遭到父亲的否定与洗脑。久而久之，她便放弃了自己的想法，选择直接听从父亲或朋友的意见。比如，她会怀疑自己为某事感到伤心究竟对不对，并且渴望从朋友那里得到答案。由于情感界限遭到了侵犯，亚历克斯渐渐丧失了表达情感的能力，只能受他人意见左右。一旦得不到他人的反馈，她便完全无法相信自己的判断。

一个拥有健康情感界限的人在表达自身感受和分享个人信息时是讲究分寸的，不会毫无保留地一吐为快。也就是

说，他只在适当的时候进行分享，并且会谨慎地选择分享对象。我曾在社交媒体上发布过一个问题，内容是“你曾和别人分享过朋友的秘密吗”，竟有 72% 的人回答“是的，我分享过”，其中有不少人给我发了私信，告诉我他们分享朋友秘密的理由。

其中有几条这样写道：

- “这个秘密太沉重了。”
- “这么做是出于安全的考虑。”
- “我这个人心里藏不了秘密。”
- “我什么事都跟我的伴侣说。”

举几个侵犯情感界限的例子：

- 分享太多或太频繁
- 与孩子分享不恰当的情感信息
- 情感宣泄 / 过度发泄
- 逼迫别人分享他们不愿分享的信息
- 无视别人的感受
- 控制别人的情绪，比如告诉对方“你不该为此事感到悲伤”
- 故意弱化某事的影响，比如告诉对方“这没什么大不了的”
- 劝说别人迅速摆脱复杂的情感

- 背后议论别人的私生活

面对以上情况，我们可以这样设定情感界限：

- “我告诉你这些事情，希望你能替我保密。”
- “我不太习惯与人分享自己的感受。要是你听完能冲我点点头，我心里会好受一些。”
- “听说你最近遇到不少麻烦，但我实在帮不上什么忙，你是否考虑去看看心理医生？”
- “我实在不想聊这个话题。”
- “不用你来告诉我该怎么想，我很清楚自己的感受。”
- “我会慢慢处理自己的感情，不要老是催我忘掉过去向前看。”
- “在任何情况下我都可以保留自己的观点。”

关于执行情感界限的小建议：

- 询问对方是需要你的反馈，还是只想让你当他的听众，这样你才能决定是否向对方提供建议
- 只和不过度干涉你情绪的人分享内心的感受

物质界限

物质界限跟你的个人财产有关。你对自己的东西享有一切权利，可以选择与人分享，也有权要求别人如何对待它。当

你把一件完好的东西借给了朋友，就理应要求他完璧归赵。如果东西还回来时已有残缺，那么借东西的人就侵犯了你的物质界限。

举几个侵犯物质界限的例子：

- 借了东西不按时归还
- 从不归还借来的东西
- 擅自把借来的东西转借给别人
- 毁坏别人的东西又拒不赔偿
- 把东西用坏了才归还

面对以上情况，我们可以这样设定物质界限：

- “我可以把钱借给你，但你必须保证周五前全数归还。”
- “我这周末不能把车借给你。”
- “它还回来时必须是完好无损的。”
- “我不能再借钱给你了。”
- “我可以把西装借给你，要是你把它弄脏了，干洗的钱就得你来付。”

关于执行物质界限的小建议：

- 不要把东西借给不会好好对待别人东西的人
- “把丑话说在前头”，事先告诉对方你对归还财物的要求

时间界限

据我的经验来看，在所列的 6 种界限当中，时间界限是人们普遍认为最难实现的。时间界限涉及的不仅是一个人如何管理自己的时间，还包括允许别人如何占用自己的时间，如何处理别人的请求，以及如何安排自己的空闲时间等问题。这些问题如果处理不当，就很难平衡工作与生活，甚至做不到自我关爱和优先考虑自己的需求。牺牲自己的时间为别人做事是违反自己时间界限的最突出表现。一个人如果没时间做自己想做的事情，就表明他缺乏健康的时间界限。

举几个打破自己时间界限和侵犯他人时间界限的例子：

- 为一件并不紧急的事情接连打好几次电话
- 期待别人放下手中所有的事来帮助你
- 不分昼夜地给对方打电话或发消息
- 要求别人无偿为你提供帮助
- 承诺做太多的事情
- 与情绪低落的人进行长时间的交谈
- 在对方明显没空的时候请求对方帮忙
- 要求某人加班而不加工资
- 明知对方一向不懂回报，还愿意帮助他

面对以上情况，我们可以这样设定时间界限：

- “我每天工作朝九晚五，没有时间陪你聊天。”
- “我这周末不能帮你了。”
- “我可以帮你报税，但我的服务是收费的，每小时75美元。”
- “我今天不能留下来加班。”
- “我星期二没时间去参加你的活动。”

关于执行时间界限的小建议：

- 在答应别人的请求之前，先确认自己的日程是否安排得太满。不要总想着挤时间多做一两件事情，否则你在做的时候也一定不会开心。
- 忙碌的时候可以暂时把电话转接到语音信箱，短信或电子邮件也可暂不回复，等方便的时候再一一处理。

练习

在一张纸上完成以下练习：

当界限受到侵犯时，当务之急是和对方沟通目前的情况和内心真实的感受。

既然无法左右他人的反应，就只能靠调整自己的言行来阻止越界行为的一再发生。以下是针对这6种界限的一些案例，仔细阅读每一个案例，并认真思考如何应对。

物理界限

同事在你忙得不可开交的时候过来找你，你根本没空理会他，他却赖在桌旁不走。面对这种情况，你要如何设定界限?

性界限

朋友的丈夫在你面前吹嘘自己的床上功夫，接着又发一堆信息来骚扰你，字里行间充满了挑逗，这一切让你很反感。面对这种情况，你要如何设定界限?

认知界限

你和认识10年的好朋友闹掰了，你向伴侣诉说自己非常伤心，他答道："算了吧，你身边也不缺朋友。"面对这种情况，你要如何设定界限?

情感界限

朋友把你的秘密告诉了他自己的朋友。面对这种情况，你要如何设定界限？

物质界限

朋友向你借一件衬衫。上次你借给她一条裙子，还回来时裙子上破了个洞。面对这种情况，你要如何设定界限？

时间界限

你手头的工作正面临最后的冲刺。此时，团队的一名成员拿着自己的项目来向你求助。面对这种情况，你要如何设定界限？

第 5 章
越界的行为与表现

杰米和男友刚认识时整天在一起畅聊未来。他们常常一起开心地出游，路上从不吵架。无论她说什么，男友总是耐心地倾听。

可是，一旦发生了什么不愉快的事，男友对她的态度就会急转直下。他越是冷淡，杰米心里就越放不下他。但没过几天，他就会恢复往日的热络，于是两人很快又和好如初。

杰米说："他大部分时间都很好，只是偶尔会发发脾气，处处找我的碴儿。我要是不配合他，他就板起脸来不理我。"杰米想知道究竟该怎么做才能改善她和男友之间的关系。

五次面谈，她都不停地表示自己需要多了解对方，自尊心不要那么强，要学会用更有效的方式交流。我教给她的一些沟通小妙招全被她一口否决，理由是"这些统统没用"。

杰米非常自责，她怪自己不了解男友究竟想要什么，认为他俩之间所有问题的责任全在她。

直到确定杰米已经接受并适应了我的治疗方式，我才小心翼翼地问她："在你们俩的沟通问题上，有没有可能不全是你的错，你的男朋友也有责任呢？"

杰米立刻替男友辩解道："他很善于沟通，每次都明确地告诉我他需要什么，是我做得不好。"

"他有举例说明要你怎么做吗？"

"那倒没有，不过我能猜到他说的是什么意思。"

接着，她跟我讲述了一段他们之间的日常对话。说着说着，杰米开始有所察觉，自己经常莫名其妙就成了那个"什么事都做不好"的人。比如，男朋友说："我希望你多在家做做饭。"等杰米乖乖回家做饭了，他又说："我不喜欢这么晚吃饭，为什么不早点儿做饭？"

于是杰米尽量提早把饭做好，他又开始抱怨杰米煮的东西不合他的口味，然后不耐烦地抛下一句："我的话你一句也没听进去。"

事实上，男友说的每一句话杰米都认真听了，只不过常听得一头雾水。男友这种拐弯抹角的表达方式常令杰米百思不得其解。她一门心思想讨男友的欢心，却完全忘了自己需要什么、能接受什么、对这段关系有何期待。

在随后的几次面谈中，我重点帮助杰米找出了他俩关系中存在的越界行为。

越小界和破大界

越界也有大小之分。

越小界的情况通常发生在两个不熟悉的人之间，或者仅仅是生活中的偶发事件。这类事情往往无伤大雅，因此并不会影响我们的情绪，更不会影响到我们的工作与生活。但是，即使事情再小，日积月累也会变成大问题。

举几个越小界的例子：

- 你正在一家小店的收银台结账，发现收银员态度很差，不仅说话爱答不理，打包东西的动作也很粗暴。
- 在一次聚会上，一个陌生人主动上前跟你聊天。他一口气讲了30分钟关于自己的事情，你一句话也插不上，你觉得对他的了解简直足够写一本书了。
- 你跟同事说无法参加他的生日聚会。同事说你的到场对他来说很重要，更何况其他同事都会去。或许这位同事真的很希望你参加，但他的做法是对你的道德绑架，他的一番话迫使你不得不出现在聚会上。

破大界是人际关系中的大忌。它就相当于一段关系里的痼疾，长期影响着这段关系的健康。如果这类问题频频发生，这段关系必然会发生质的改变。

举几个破大界的例子：

- 你一向依赖姐姐来解决生活中的大小问题，做任何决定都要和她商量。
- 你朋友的酗酒问题已经不知不觉成了你的负担。他每次喝得烂醉时你都忍不住要替他收拾残局。你们一起出去时，你都尽量不喝酒，为的是他喝醉了好照顾他。
- 你认为和伴侣之间的所有问题都是你的错。对方明明有很多毛病，你却宁可自己小心翼翼，生怕踩到他的雷区。

根据刚才这些例子，我们不妨来分析一下常见的轻微越界和严重越界的行为与表现。

轻微越界

几乎每一段关系里都有可能出现轻微越界的行为，它们往往微小而不易察觉。这些行为包括为了表达不愉快的心情或暗示对方自己在生气而表现出的一系列消极对抗。无论有意还是无意，这些行为都传达了消极负面的信息。

杰米和男友刚开始交往不久，男友就开始对杰米的说话方式指指点点。每当她念错一个字或说错一句话，男友都要立刻提醒她。一开始她并不介意，直到后来，这种“善意的”小提醒慢慢发展成了他们交谈时的大问题。后来，两人的关系开始变得不稳定，男友居然拿这件事当说辞，责怪杰米不善沟通。

轻微越界虽常见于种族歧视和对性少数群体的偏见案例，但绝不仅限于针对种族、性别或性取向而进行的贬损行为或言论。以下为轻微越界发生在不同领域里的几个例子。

种族歧视（基于他人的种族对他人进行消极贬损的评价）

当一位黑人男性走进电梯，电梯里的一位白人女性下意识地握住手里的包。

潜在问题：刻板印象，认为黑人很危险，所有黑人都不怀好意。

身材攻击

丽贝卡最近胖了近10斤。妈妈命令她发一张照片给她。看完照片，妈妈回复道："瞧你这脸，胖了一点儿也不可爱。"

潜在问题：丽贝卡体重增加，而她的妈妈有肥胖恐惧症。

种族偏见（产生基于种族的刻板印象）

凯文是个黑人小伙子，他的同事大多为白人。他有一次应邀参加同事的假日聚餐，大家在轮流填写报名表时，他发现某个同事主动把"带炸鸡"这项任务派给了他。[1]

潜在问题：种族偏见。

---

① 在美国的文化语境中，炸鸡曾是种族歧视的象征，常用来揶揄黑人的野蛮。——编者注

性别偏见

蒂娜是一家公司的首席执行官，她经常被贴上“霸道专横”的标签，而同样的工作作风在她的男性同行身上则被形容为“颇具影响力的领导人”。

潜在问题：认为所有身居高位的女性都性格强势。

性取向偏见

凯文带着他的男伴一起参加公司的周末聚会。同事八卦地说：“原来你是这种人，你平时看着一点儿也不像同性恋。”

潜在问题：认为男同性恋者都很女性化。

轻微越界的人往往认为自己的行为是无害的。然而，这些举动常常会在更深的层面给人致命的一击。它们看似微不足道，却足以对一个人或一段关系造成巨大的影响。

应对轻微越界的办法：

- 果断地直面你认为轻微越界的行为。比如，“我听见你刚才说‘我说话一点儿也不像黑人’，请问这句话什么意思？”
- 建议对方表现得更得体一些。比如，当蒂娜听到别人说自己霸道时，她完全可以纠正这一说法，告诉对方自己只是行事果断，并且有担当。

过度分享

过度分享的人通常是为了努力与人建立关系，然而这种努力往往会带来负面的效果，比如分享了一些不合时宜的信息、暴露了某人的隐私，或者在两人的关系尚不够亲密时就过早向对方透露太多个人生活的细节。

过度分享的人从来都不觉得自己的话太多。我经常在社交场合遇到过度分享的人，可能是因为我听他们说话时总是饶有兴趣，从不打断对方的话。这大概是心理治疗师的特质，举手投足都传递着“我爱听故事”的信息。我的确喜欢听别人讲故事，只是这种爱好偶尔也会陷我于尴尬。

以下是过度分享的例子。

不恰当的话题

你被安排培训一名新员工。比起岗前培训，这位新同事显然更爱聊自己与前任的感情问题。

潜在问题：不宜在工作场合与上级或导师谈论私人感情问题。

透露他人信息

朋友的大学室友来访，于是你们三人一起出去玩。趁朋友去洗手间，她室友悄悄跟你说你的朋友大学时曾堕过胎。

潜在问题：这位室友向第三者透露了过多他人的隐私。

深度的个人信息

在商店的收银台打包时，梅根随口问候了收银员："你今天还好吗？"收银员忙不迭地向梅根抱怨自己和男友吵架的事，居然还提到了吵架原因是男友与前女友上床。梅根只得站在那里听她绘声绘色地讲，既紧张又尴尬，恨不得找个地洞钻进去。

潜在问题：收银员透露的信息太过私密，显然不适合当时的情景。

喜欢过度分享的人通常不会意识到自己给对方造成的麻烦，更不会认为自己的行为越界。为了更亲近对方，他们往往会用力过猛，以至于完全忽略对方做出的无声的反应。这些反应统统都在暗示对方已把话题扯得太远，或是说了太多不该说的话。

应对过度分享的办法：

- 巧妙地将对方引向更合适的话题。
- 果断地打断对方，说："哇，这件事听起来很重要，我们不该在这时候谈，应该另找时间再谈。"
- 有时也可以这么说："对于这件事我实在无能为力。要不我们换一个话题吧？"

情感操纵

每当杰米和男友说起沟通的问题，男友就责怪杰米不善于表达自己的需求，他坚持认为是杰米过去几段感情里出现的问题导致了她现在这么不善于沟通。说着说着，杰米自己也就信了。一想到因为自己的问题连累了男友，杰米就觉得很过意不去。

如果一个人有意要让你感到难过或内疚，毫无疑问他在对你进行情感操纵。这是一个人实现自己需求的惯用手段。实施情感操纵的人会希望你因为某事而感到愧疚，从而顺从或赞同他的想法，即使你并没有做任何值得愧疚的事。

结束一段糟糕的关系

罗布的父亲从小就虐待他，为此他一直想和父亲断绝关系，可是就连他的家人都认为他这么做有悖于伦理道德。家人和朋友都极力劝阻，坚决不赞成他断绝父子关系。姐姐劝他："他毕竟是你父亲，有话可以好好说。"

潜在问题：罗布的姐姐低估了在一段有害的关系中设定界限的重要性。

不太想与某人建立关系

埃米知道老板一向待人刻薄。于是，每次老板邀她下班后一起喝一杯，她都婉言拒绝。同事劝她："你至少得和她出去一次吧，不然实在说不过去。"

潜在问题：埃米的同事没有足够的自信对老板说"不"。

坚持自己的喜好

你知道自己的饮食习惯与其他人不同，于是决定自带食品参加家庭聚餐，表哥却对你说："你为什么要另外准备吃的？难道这些吃的都不合你口味吗？"

潜在问题：表哥对你的喜好表示质疑，并暗示你必须做出改变。

不想取悦别人

卡拉在一次高中同学聚会上说："我不想结婚生子。"她的朋友帕特反驳道："人人都该生小孩。你各方面条件都很好，为什么不想结婚？"

潜在问题：帕特试图把自己的价值观强加给卡拉。

拒绝不需要理由

朋友问你："能不能来帮我搬家？"你回答她"不行"。于是她又说："为什么不行？我需要你帮忙。"这时候，你可以根据对方过去的反应来决定要不要给她一个解释。如果对方之前很爽快地接受了你的解释，那么你这次依然可以简单说明一下理由。如果预感到解释会遭到拒绝，那么你干脆就不要解释。

潜在问题：人们只接受自己认可的理由。

情感操纵者的目的就在于满足自己的需求，但是他们的需求往往有悖于被操纵者的原则。

应对情感操纵的办法：

- 一针见血地指出："你是想让我觉得自己这么做错了吗？"
- 把话题转向自己，而不是对方："不关你的事，这纯粹是个人喜好。"
- 表明自己决心已定："你这么说，难道是想让我改变主意？"

严重越界

越界行为如果严重到足以改变一段关系的性质，这样的行为就属于严重越界。当越界的行为频频发生，甚至成为日常互动的一部分，尤其那些严重的越界，如过度亲密、过度依赖、创伤关系和依赖无能，就会对一段关系造成长期的伤害。

过度亲密

一段过度亲密的关系里没有"个体"这个概念，当然更不可能允许界限的存在。这种关系的发展靠的是两个人极为相似的共性。但凡其中一人尝试设定界限、变换一下角色或改变原有的互动方式，这段关系就随时可能终止。

过度亲密通常表现为：

- 不容许自己与关系中的另一方有不同
- 缺乏个体认同
- 自我意识不清晰
- 缺乏边界感
- 分不清两人相处的数量和质量哪个更重要
- 把对方的情绪当成自己的
- 尝试建立个体认同但遭到对方的反对

过度亲密引发的越界行为包括：

- 无论在情感上还是身体上都极度缺乏个人空间
- 双方的思想必须保持高度一致
- 一些重要决定都要由两人共同完成，不允许独立思考

莎伦·马丁（Sharon Martin）是一名临床社工，她把过度亲密定义为“一种界限模糊、缺乏情感分离以及强行索取对方的支持或关注的家庭关系。这种关系会阻碍家庭成员自我意识的发展，使他们无法形成坚强独立的人格”。不仅家庭关系如此，恋爱关系和工作关系中也可能出现类似的情况。

例如，恋爱初期，你们恨不得24小时在一起。渐渐地，对方的爱好也成了你的爱好，过去的朋友和生活都被如今的你侬我侬所取代。

一直很想买房的你经过和父母的一番交谈就立刻改变了

主意，因为你相信父母总是为你好。

朋友正在和她的伴侣闹矛盾，她每次闹矛盾都请你出面解决。为了她的幸福，你心甘情愿当这个和事佬。朋友甚至让你去和她的伴侣谈你们俩共同想出的改善关系的办法。

如何针对过度亲密设定界限？

- 即使你同意帮忙，也要问问他们将来打算如何处理他们之间的问题
- 在两个人的关系中留一点儿个人空间
- 评估你是否需要与对方保持联系
- 让其他人加入进来，以获得额外的支持
- 在与他人分享自己的事之前先判断一下时机和场合是否合适
- 重新获得或建立不同于他人的自我认同

过度依赖

在一段过度依赖的关系中，一方会以保护另一方为己任，坚信自己必须时刻为他排忧解难，以帮助他脱离苦海。说是保护，实际上是纵容对方保持不健康的生活方式或行为。在他们眼里，对方既弱小又无助，完全没有自理能力。

“过度依赖”一词早在几十年前就出现了，经常被用来形容不正常的家庭关系，尤其是当家庭成员中出现成瘾的问题时。事实上，过度依赖的定义适用于任何一种人际关系，它可

以指任何人在情感上与他人的感受或决定产生过多的纠缠。在一段过度依赖的关系中，我们很难区分究竟是自己的感受还是对方的想法与感觉。

尽管这种依赖的出发点是好的，我们却仍觉得痛苦。原因就在于，在这种关系中，我们的需求常得不到满足，有时甚至被忽略。事实上，作为相互依赖的双方，我们很难分清一些需求究竟是自己的还是对方的。

"纵容"是过度依赖的关键部分，它指的是通过行动或非行动的方式支持对方的不健康行为。过度依赖通常是由不健康的界限造成的。

过度依赖通常表现为：

- 使自己承担过多的义务
- 拒绝讨论真正的问题
- 专门为别人收拾烂摊子
- 为别人的不良行为找借口
- 只关心别人的需求而忽视了自己的需求
- 替别人做事而不是帮别人一起做事
- 照顾有不良嗜好的人
- 总感觉自己与对方"感同身受"
- 把别人的问题说成自己的问题
- 在任何关系中都忍不住要扮演"拯救者"的角色
- 总是先为别人排忧解难再想到自己的问题

- 允许别人以一种不健康的方式依赖自己
- 在人际关系中总是一厢情愿

过度依赖关系中的一方往往依靠另一方生存，或者双方互相依存。因此，过度依赖常常会导致怨恨、倦怠、焦虑、抑郁、孤独、耗竭感，甚至是一些更为严重的心理健康问题。时刻陪伴在一个完全不懂自我关爱的人身边是相当辛苦的。然而，这种关系伤害的绝不仅仅是付出的一方。对于被依赖者来说，他们的需求几乎永远得不到满足。而对于依赖者来说，他们永远也学不会如何满足自己的需求。由此可见，过度依赖对于双方来说都是百害而无一利的。

过度依赖的人会遇到各种问题，比如不健康的界限、缺乏自尊、总在讨好别人和总想控制别人。他们只能通过帮助那些更软弱无助的人来获得一丝成就感。

大学时期，我曾经很喜欢一档电视真人秀节目《干预》（*Intervention*）。节目的内容大多是一些家人和朋友在劝说那些有成瘾问题的亲友去寻求专业的帮助。这些人通常会说到自己曾经如何为亲友提供金钱或住处，纵容他们在成瘾的路上越走越远。

更有甚者，允许吸毒者到自己家里来吸毒，因为这些人觉得与其让他们在外面东躲西藏，还不如在家里更安全些。通常节目会邀请一位康复教练与这些亲友见面。这位教练会告诉他们，如果想拯救自己的亲友，就必须停止这种过度依赖，并且尽快建立健康的界限。

例如，每次和朋友出去你都不敢喝酒，因为你知道他待会儿肯定会喝醉。你不想扫他的兴，于是不停地给他买酒喝。他喝多了，你开车送他回家，通宵照顾他。你很担心他的酗酒问题，他自己却一点儿也不在乎。你明知再这样下去后果会不堪设想，却又无力阻止，只能时刻准备出手相救。

你发现妹妹不善理财，家里的经济状况已经糟糕到连两个十几岁的孩子都养不起了。于是你义无反顾地承担起供养两个小外甥的责任。他们一有需要就打电话给你，因为他们知道自己的妈妈已无力满足他们的需求。你实在不忍心看着两个孩子受苦，每次都出手相助。

如何针对过度依赖设定界限？

- 限定自己提供帮助的程度
- 时刻检查别人的行为对你造成的影响
- 向别人提供适当的支持而不是为他们当牛做马
- 等待别人向你求助，而不是主动送上门
- 为自己的容忍度设限，并且说到做到
- 对身边的不良行为直言不讳
- 爱护自己
- 相信对方的自理能力
- 授之以鱼的同时也不忘授之以渔

创伤关系

创伤关系是情感界限和认知界限被破坏的产物。一个人的情感界限和认知界限长期被侵犯，就容易顺着别人的思路，慢慢开始相信自己经历的一切从某种意义上讲都是应得的，所受的伤害都纯属意外或是别人的无意之举。

创伤关系可见于各种人际关系，如朋友关系、恋人关系或家庭关系。

创伤关系通常表现为：

- 被迫相信一切都是你的错
- 在一段不健康的关系里分分合合
- 为别人对你的伤害找借口
- 感觉自己无法摆脱一段有害的关系
- 对方的态度常常忽冷忽热
- 不敢将自己的遭遇告诉别人，生怕被人看出自己正在遭受虐待
- 不敢反抗虐待你的人

例如，杰米把感情里所有的问题都归咎于自己。她明知男友在找碴儿，还总是心甘情愿地把责任往自己身上揽。她不敢和朋友分享感情的问题，害怕她们说三道四。

父亲动不动就出口伤人，他说这都是被你气出来的，因为你从小就不听话。一顿数落过后，他立马又变得和蔼可亲起

来，甚至还给你买小礼物。

一位朋友常常当着其他朋友的面对你很过分，你却从不放在心上，因为你知道他从来都不善交际。你认为他所有的拙劣表现都源于在社交场合中的无所适从。

如何针对创伤关系设定界限？

- 明确自己希望被人如何对待
- 面对别人的尖酸刻薄和言语伤害，立即阻止并告诉他“你说的话让我很不舒服”
- 只和信任的人分享自己的人际关系问题
- 把一切不健康的相处模式扼杀在摇篮里

回避依恋

如果一个人的界限过于僵硬，有意与他人保持情感上的距离，他离回避依恋就不远了。即使在一段健康的关系里，假如一方一直试图减少联系，这种行为也势必会削弱他与另一方的情感联结。

回避依恋通常表现为：

- 很难在别人面前示弱
- 无法向他人求助
- 不习惯接受别人的帮助
- 对别人的生活不感兴趣

- 更喜欢自己动手做事
- 害怕与人亲近
- 情感疏离
- 面对弱者会瞬间不知所措
- 一旦对方开始认真对待这段关系，就立刻与对方保持距离
- 常感觉孤独

例如，你遇到一个不错的人并且交往了一段时间。看似一切进展顺利，直到有一天对方告诉你他很喜欢你，你便从此开始躲着他，不回复他的任何消息。

好朋友在你生日的时候送了你一张情意浓浓的贺卡，你却没有跟她分享收到贺卡的心情。

如何针对回避依恋设定界限？

- 练习与他人分享自己生活中的细节
- 告诉别人你对他们的感觉
- 学会求助
- 接受别人提供的帮助

在这一章里，我们共同探索了轻微越界和严重越界的行为。越界行为可能出现在任何一种人际关系里，比如同事之间、朋友之间、家人之间、恋人之间甚至是陌生人之间。虽然

都属于越界行为，但情节和影响有轻有重。假如一个陌生人侵犯了你的物理界限，偶尔一两次似乎并无大碍。然而，如果你的同事长期无视你对物理空间的需求，问题就不容忽视了。

别人选择如何待你，主动权在他，不在你。所以，千万不要自怨自艾，更不用替别人的行为找借口。

练习

在一张纸上完成以下练习：

① 你认为建立健康的界限会给你的生活带来什么变化？

② 你已在哪些关系中建立了健康的界限？

③ 你会采取哪些具体行动来改善你的界限？

第 6 章
坚定且自信地设定界限

自埃里克记事起，父亲保罗就酗酒。除了埃里克，家里的人都对父亲爱喝酒的毛病睁一只眼闭一只眼。母亲总说：“他也有他的苦衷啊。”为了满足父亲的酒瘾，平时不喝酒的母亲居然能让家里从未断过酒。每次家庭聚会，全家上下都陪着父亲一起喝，每次他都醉得一塌糊涂、洋相百出。

这个全家人熟视无睹的场景犹如一块巨石长期压在埃里克的心上。于是他找到了我，希望能从我这里学到一些解决的办法。埃里克说，父亲屡次戒酒失败都是因为工作压力太大。每次从戒酒中心出来，父亲都能坚持几个星期，但没过多久就又端起了酒杯。

记忆里有件事令埃里克十分愧疚。20 多岁的他有段时间经常与父亲一块儿喝啤酒。直到后来父亲越喝越凶，一喝就停不下来，他才彻底放弃了这个爱好。25 岁以后埃里克就再也没和父亲喝过酒。

前几次会面，埃里克都在向我描述身为酒鬼的儿子是种怎样的体验。用他的话说，就是时刻战战兢兢，不知道下一秒会发生什么。父亲一喝醉就骂骂咧咧，想到谁骂谁。埃里克无法预测父亲每天下班回家的状态，索性就躲得远远的。他好几次亲眼看到哥哥上前与父亲理论，最终都演变成一声高过一声的争吵。

儿时的埃里克曾好奇地问父亲：“为什么你总喝那么多酒？”

父亲答道：“因为我离不开它，它是我的好朋友。”

当被问到目前与父亲的关系时，埃里克说他们之间的所有交流都与父亲有关。他总是关心父亲是否按时吃饭，是否有别的事情做以便分散注意力。父亲的回答总是很敷衍，翻来覆去编的都是同一番话。他甚至会不时打电话来拿儿子撒气，莫名其妙地在电话里对埃里克破口大骂。

母亲向来都极力维护自己的丈夫。她总是处处替父亲说话，埃里克根本无法信任她，时间一长，母子俩也就渐渐疏远了。亲人们的不配合让想帮父亲戒酒的埃里克感到十分为难。

埃里克尝遍了各种方法想改善与父母的关系，唯独没有想到与父母设定界限。在他看来，设定界限就是简单生硬地告诉母亲“我不喜欢爸爸这样喝酒”或者干脆不接父亲的电话。我委婉地向他解释这些做法都是十分消极的对抗。

设定界限时选择不直截了当地说明问题或只敢与无法解决问题的第三方交涉，这些方法都属于消极对抗。埃里克在父亲的问题上含糊其词，指望父亲能明白他的良苦用心，无奈父亲并不领情。埃里克没有向父亲挑明，相反，为了粉饰太平，他一直在掩盖自己内心的担忧。因此，他反对父亲喝酒的种种努力都显得非常被动，他从来没有把自己的真实想法和期望清楚地告诉父亲。

无法成功表达界限的 4 种方式

消极被动型

消极的人往往会用消极的态度看待事情，比如他们会认为“我觉得告诉别人自己想要什么很尴尬，所以干脆就不说了，自己知道就好”。

消极就等于否认或不重视自己的需求，以避免为他人带来不便。人们选择用消极的方式表达自己的需求，往往是因为担心对方会不理解和不接受。与其让对方为难或干脆置之不理，倒不如什么也不说，任由事态发展。

举几个消极被动的例子：

- 心里有疙瘩，嘴上却不说
- 尽管心里不赞成，表面上却听之任之
- 对一切令自己反感的行为视而不见

经过多次交流，我发现最令埃里克沮丧的要数母亲对父亲酗酒问题的无动于衷。他承认母亲的处理方式极为消极，她总是任由父亲喝酒、耍酒疯，并希望埃里克和哥哥也不要插手。每次家庭聚会，她都竭力想让父亲融入大家的聊天，但多数时候父亲都醉得胡言乱语甚至出口伤人。

咄咄逼人型

一个咄咄逼人的人时刻都在用直接或间接的方式告诉对方："我要你知道我对你是什么感觉。"

咄咄逼人的交流指的是一方不明确说明自己的需求，而选择用苛责、强求或命令的言行来攻击另一方，而攻击的目的就是"让你瞧瞧你自己有多讨厌"。一个人在攻击对方的时候绝不会考虑他人的感受，他甚至都不知道自己那些充满侮辱与恐吓的言行会引起他人强烈的反感。

举几个咄咄逼人的例子：

- 通过贬低别人来证明自己的观点
- 通过大吼大叫、乱扣帽子和咒骂对方来表达自己的观点
- 总拿过去的事羞辱对方
- 捏造事实，强词夺理
- 得理不饶人，动不动就吵架
- 对人冷嘲热讽，比如说"你这个胖子！开玩笑而已，别那么敏感嘛"

相较于埃里克，他的哥哥对待父亲的态度明显咄咄逼人得多。他指着父亲的鼻子骂他酒鬼，小小年纪就敢大声和父亲顶嘴，长大成人后，更是直接与父亲开骂。不仅如此，他还时不时地翻旧账，以此来贬低父亲。

埃里克想劝哥哥态度别那么激烈，却被哥哥一句话堵了回去："我这脾气就是遗传老爸。"实际上，随着年纪增大，父亲的脾气也开始有所收敛，只是偶尔还会犯浑，搞得两个儿子不知所措。

消极对抗型

消极对抗的人往往会这样思考问题："我要做得让对方知道我的感受，嘴上却不说。"人们有时会不自觉地就做出一些消极对抗的行为，就连自己也说不清背后的原因。

我入行十几年，接触了形形色色的客户，发现消极对抗一直是人们交流感情和需求的首选方式。每当有人向我描述他们的消极对抗行为，我总是反问他们："所以你不愿说出自己的需求，而只想通过行动表现出来？"这种做法最大的风险就在于无法确保对方正确理解你的行为。对方可能会误解我们的意思，也可能根本没发现我们正在无声地传达自己的需求。所以，心里有了想法怎么办？很简单，说出来。

我们之所以选择消极对抗的方式，完全是因为不想直面对方的反应。我们希望通过这种"此时无声胜有声"的方式让对方发现自己的错误并自行改正。但是这种假装无所谓、不敢直接挑明的处理方式往往效果不佳，最终只会事与愿违，让自己与对方的相处越来越艰难。

举几个消极对抗的例子：

- 表现出心烦意乱，却又拒不承认
- 发起与眼前的事情无关的言语攻击
- 喜怒无常
- 爱翻旧账
- 面对问题从来都只抱怨不解决
- 对一些事情指手画脚，却不动手解决

埃里克处理问题的方式大致属于消极对抗型。他除了小时候问过父亲为什么总喝酒，之后就再也没有跟父亲谈过这个话题，只是一味向母亲吐槽父亲酒后的种种恶行。对于父亲的骚扰电话，埃里克也只是尽量不接。但是这样一来，父亲又怎能分辨埃里克究竟是怕被他骚扰，还是工作太忙没空接他的电话呢？埃里克自认为这样就算设定了界限，其实并没有。

思想操控型

当一个人操控另一个人的思想时，他会先通过自己的言行让对方感到愧疚，然后顺理成章地同化对方的思想，也就是俗称的“洗脑”。

无论是“说服”还是“规劝”，这些字眼在我看来都有“思想操控”的影子。

不可否认，这种思想上的操控有时十分奏效，尤其是在亲子之间，经常是靠软磨硬泡使对方“投降”。

然而，被动的统一和主动达成的共识是不一样的。

如果是共同商量得出的结果，就算不公平，双方也会按照之前商量的条件心甘情愿地做出让步。就拿孩子来说吧，要与他们达成共识就免不了进行条件交换，比如孩子会问：“如果我今天在学校里好好表现，放学回家会有奖励吗？”大人又何尝不是如此，我们会说：“如果我答应陪你看动作片，下次你陪不陪我看浪漫喜剧片呢？”

如果是被动统一的情况，被操控的一方不仅不知道自己被对方占了便宜，还可能会傻傻地沉浸在深深的自责当中，因此更容易违背自己的原则做一些正常情况下不愿做的事。

举几个思想操控的例子：

- 把与对方的矛盾都潜移默化为对方的错
- 拖到最后一秒才来向你求助，并且告知你是他唯一的指望
- 编故事来引起你的同情
- 为了骗取你的支持而故意不提事情的关键点
- 故意冷落你，以使你伤心失落或改变原先的做法
- 以你们之间的关系来判定你“应该”做某事，例如，

"妻子就该做饭"或者"儿女就该天天去看望父母"

父亲总是以工作压力大为由让母亲相信唯有喝酒才能使他放松。因此，每当埃里克向母亲吐槽父亲酗酒的问题，母亲总是回答说："他也不容易啊，工作那么辛苦，他又是那么敏感的一个人。"她因为同情父亲的处境而处处替他说话。

坚定自信才是硬道理

一个坚定、自信的人是这样看待问题的："我清楚地知道自己的需求，并且会如实相告。"

最健康的交往模式莫过于坚定自信地表达自己的界限。相较于前文提到的那些无效的沟通方式，拥有坚定自信的态度才最能够精准无误地向对方直言自己的想法。

坚定自信就是既大胆公开自己的想法又不伤及对方的感受。它不是毫无道理的苛求，而是要求对方听懂并接受你的想法。

举几例坚定自信的表达：

- 拒绝做任何自己不想做的事情
- 告诉别人他们的行为会导致你怎样的感受
- 分享对过去经历的真实感想
- 即时回应对方

- 开诚布公地与对方化解矛盾，而不是说给其他不相干的人听
- 事先说明你对某事或某人的期待，而不是假设对方能看出来

努力为自己设定界限就等于是在努力提升坚定自信的能力。在与对方沟通界限时，切忌过于消极或激进，也不要消极对抗或是在思想上控制对方。说来说去，设定健康的界限靠的还是坚定自信的表达。

如何成功表达自己的界限

在茱莉亚·罗伯茨出演的电影中，我最喜欢的是那部《风月俏佳人》。她在影片中饰演一位名叫薇薇安的应召女郎，一次偶然的机会结识并爱上了一位名叫爱德华的富商。爱德华魅力十足，薇薇安则敏感多疑。尽管外界千方百计地阻挠，最终，爱情还是战胜了一切，男女主人公从此过上了幸福的生活（但愿如此）。

面对与自己身份地位悬殊的爱德华，薇薇安丝毫没有怯懦。相反，她处处坚持自己的原则。薇薇安有一句台词深得我心，她说："目标、时间和价格，都由我自己说了算。"她为自己设定了界限，一旦对方不遵守，她扭头就走。

要成功表达自己的界限，首先态度上要坚定自信，然后轻

松（或许没那么轻松，但至少每个人都做得到）地分三步走。

第一步：明确告知

尽可能直截了当地告知对方你的需求。要注意声调和语气的处理，既不能声嘶力竭，也不必低声下气。措辞尽量简单直白，切忌使用过于复杂或专业的词汇，以防对方错失重点。开口前记得做几次深呼吸，集中注意力，确保用词精准。

第二步：直言不讳

不能只是委婉地说明自己不喜欢什么，务必要说明自己需要什么或想要什么。一定要明确提出自己的期望，或者坚决拒绝对方的条件。

以下是结合第一步和第二步为大家提供的几个例子：

- 朋友邀你一同参加一个聚会，你不想去，这时你可以说“多谢邀请，但这次我就不参加了”。
- 你不想再听朋友抱怨工作上的事，这时你可以说“我明白你工作压力很大，我认为你应该找专业人士来解决工作上的问题，比如找公司的人事部门谈一谈，或者通过员工帮助计划向相关人员求助”。
- 妈妈不停地向你吐槽弟弟的新女友，这时你可以说“我觉得这样背后议论她不太好。我希望你对她好一点儿，因为不管怎样，她都是约翰喜欢的人”。

• 伴侣时不时地提醒你又长胖了，这时你可以说“我很不喜欢你念叨我的体重，别再说了，好吗”。

在处理家庭问题时，埃里克一度很纠结到底应该如何设定界限。经过多次深入探讨，他意识到自己不仅需要和父亲划定界限，在面对母亲和哥哥的时候同样需要界限。在所有家人当中，他与母亲的交流是最频繁的，于是，他决定先从母亲这里入手。他挑了一件最令他头疼的事情作为引子，他说：“我在跟你谈父亲的问题时，拜托你认真听进去，不要总想着替他辩解。”

话音刚落埃里克就后悔了，他觉得自己不该这么对母亲说话，并且担心以后的见面会很尴尬。然而，他下一次来到我的面前时，欣喜地向我报告他们的母子关系有了改善。

紧接着，埃里克又着手划定了与哥哥的界限，他对哥哥说：“拜托你不要每次家庭聚会都和老爸掐架。”一开始，哥哥坚决不承认自己脾气太冲。最后，兄弟俩促膝长谈，终于把各自从小到大受父亲酗酒问题的影响都说开了。

埃里克深知自己接下来和父亲的交流会很困难，所以他需要更多的时间来处理和消化自己的情绪。

第三步：消除内心的不安

处理设限之后所产生的不良情绪一直是解决界限问题最困难的一个环节，也是大家最想绕开的一个问题。其实，无论事后感到内疚、担心、悲哀、懊悔还是尴尬，这些情绪都属正常反应。

内疚。内疚是处理界限问题的必然反应和过程，尤其是当你口是心非、不认同自己的一些做法时。这些反应都是在你的成长过程中慢慢形成的。

许多人从出生的那一刻起就为自己的需求感到羞愧。有不少家长在养育孩子的过程中不断地强迫孩子忽视自己的界限。他们通常会有意无意地逼迫孩子拥抱那些孩子本身不愿意接近的大人。孩子一旦拒绝服从，这些家长就会批评他们“不乖”或“表现不好”。孩子一不顺从家长的意思就会挨批评，这就是家长对孩子的思想操控。很多时候，大人们正是通过一件件小事让孩子认为不该坚持自己的界限。

举个例子，大人说“过来抱抱我”，孩子回答“我不要抱你”。这时，大人的反应如果是“哎呀，你不抱我我会很伤心哟”，孩子就会因拒绝你而感到内疚。

有些孩子则被训练得处处谨小慎微、不敢言语。他们从小就被告知向别人要东西或拥有健康的界限是不礼貌的。长大后，他们依然谨记儿时的教诲，生怕自己一不小心就成为别人眼中那个不懂事的人。

但是，他们忽略了最重要的一点，我们生而为人，有需求是正常的，把需求说出来才是健康的表现。人人都可以说出心中所想，满足自身的需求，争取应得的利益，这么做一点儿也不失礼。

内疚不过是一种感受而已，并不妨碍我们为自己设定界限。这种感受和其他任何一种感受一样，都有一个从产生到消失的过程。因此，我们大可不必将它视为洪水猛兽，必须正确地看待它，接受它作为解决界限问题这一复杂过程的一个极小的环节。

内疚感出现时又该如何应对呢？我的建议是感受它，但不必关注它。过度关注只会使这种情绪不断蔓延。只要做到相安无事，这种情绪便影响不了你。

想想当我们感觉兴奋时，生活依然照常进行。我们并不会因此就放下工作，在床上躺一天。尽管心花怒放，我们依然是该干什么干什么，丝毫不受影响。所以，尽管心里内疚，生活也依然可以继续。

当你感到内疚时，不妨看看以下提示：

- 没关系，只有这样才能拥有健康的界限。
- 你也一样尊重别人的界限。
- 有了界限，你们的关系才能更健康。
- 如果界限破坏了一段关系，只能说明这段关系迟早是要结束的。

最后，如果你仍有困扰，也可以选择做一些自己喜欢的自我关爱练习，建议在练习中加入一些用于处理极端情绪的方式，比如冥想或瑜伽。

担心。人在担心的时候往往会做最坏的打算。我常听客户说“今后无论做什么都会很别扭”，或者“我会很尴尬”，有时甚至会说“我一旦设定界限，他们就会和我绝交吧”。当然，别人要如何回应我们坚守的原则，我们无从知晓。如果事先知道一个人动不动就大发雷霆，我们自然不敢和他提什么界限。然而，因一时恐惧而放弃坚守原则，将来难免会受到更大的伤害。

在表达自己期望的时候，我们又担心太过直截了当，即果断自信地说出自己的需求。

我帮着埃里克对他父亲的反应做了好几种假设。其中最令他担心的就是父亲会当场发飙，破口大骂甚至是撞墙。埃里克已经不止一次地见识过父亲的暴脾气。要是谁敢跟他提什么界限，后果简直不堪设想。

不过话说回来，父亲对母亲定的一些家规倒是都一一照做，比如进门前必须脱鞋、不准在家里抽烟、每逢周日去教堂等。埃里克从没想到这些家规就是父亲可以接受的界限。除此之外，他倒是想起了一些父亲在工作和社交场合以及与其他家庭成员相处时遵守的其他规则。这些发现令埃里克信心倍增，其实父亲还是可以尊重他人界限的。

悲哀。“我只是不想当那个坏人。”这句话我已经听得耳朵起茧子了。我们之所以感到悲哀，就是因为我们总觉得设定界限就必定会伤害到对方，总是一厢情愿地认为对方会接受不了。这又是“做最坏打算”的思想在作祟。

因此，我们有必要再次提醒自己，既然永远猜不到别人的感受，何不等看到他们的真实反应再说。

有时，你也会因为身边的人总是不懂你而感到悲哀。自己从来都不明说，却要对方读懂你的心思，了解你的需求，然后依照你暗示的要求做出改变。当对方无动于衷，逼得你不得不强行设定界限时，你又开始顾影自怜，觉得自己在这段关系里备受冷落，完全没有感受到对方的关心。

懊悔。“我是不是说错话了？”我们常常会反省自己是否太过分，话说得太重，甚至完全疏远对方了。经常是前一秒刚说明自己的界限，下一秒就开始自我怀疑：“我刚才都胡说了些什么？”

俗话说，说出去的话就如泼出去的水，是收不回来的，此话一点儿也不假。但是，还有句老话叫“忠言逆耳利于行”，有些话虽然不好听，却可以改善和挽救一段关系，何乐而不为呢？只要勇敢地表达自己的界限，生活的方方面面都将获益。

尴尬。人们还有一种担心，就是担心从此相处起来会很别扭。这个时候，别忘了提醒自己：“别慌，正常表现就好。”要时刻保持清醒，设定界限并不会把你变成一个坏人，而是让你成为一个更健康的人。要肯定自己的做法是正确而且有益的。尽量保持这段关系的常态，比如你们俩以前天天通电话，千万别因为设了界限就生分起来，第二天也要照常给对方打电话。总之，臆想你们之间的气氛会变尴尬，有时真的会影响你的表现，使得原本正常的互动也变得尴尬起来。所以，何不把这种“心想事成”用在积极的方面，先假设对方会欣然接受，于是双方都卸下包袱，没准事情就成了呢！

表达界限的方法

面对当前所处的人际关系：

- 先确定在哪些方面需要设定界限
- 清晰无误地表达你的界限
- 不必画蛇添足地解释这个界限的由来
- 始终坚守自己的界限
- 必要的时候可以重申自己的需求

面对新的人际关系：

- 一开始接触就要有意无意地提及自己的需求
- 开诚布公地与对方讨论界限的重要性
- 明确告知对方自己的期望
- 第一时间提醒对方他的行为越界了
- 重申自己的需求

如何与难缠之人设定界限

埃里克始终坚信父亲不会轻易妥协。甚至在亲眼看到他在别的场合尊重别人的界限之后，埃里克仍不敢相信父亲会接受他的建议。埃里克的诉求很简单，他希望父亲别在酒后给他打电话，也别在家庭聚会上喝得烂醉如泥。总之，他不想再对父亲酗酒的问题睁一只眼闭一只眼，因为这无异于纵容他继续犯错。

他决定先从小事入手，也就是劝父亲别再酒后乱打电话。他认为要选一个好时机，于是决定等下一次父亲打电话来骚扰时再开口。为了确保一切顺利，他事先在脑子里演练了无数种表达方式。他决定跟父亲说"爸，我实在不想在电话里听你胡搅蛮缠。等你酒醒了再给我打电话，我到时候再跟你聊"。

一周之后，埃里克迫不及待地跟我分享了事情的进展，他看起来喜忧参半。原来，与父亲通电话那天，埃里克的话音刚落，父亲就火冒三丈，一口咬定自己没有喝醉。接着，他开始在电话里大骂埃里克是个逆子，胆敢对他的行为指指点点。父子俩那次谈崩之后，埃里克彻底蒙了，完全不知道接下来该怎么做。

事实上，这样的例子数不胜数。以下是几种顽固之人的常见反应：

- **抗拒：**他们会完全无视你的界限，继续我行我素。
- **试探底线：**他们会明里一套暗里一套，试图操纵你的想法，或者想方设法骗过你，企图用一种你发现不了的方式继续我行我素。
- **做合理化解释并提出质疑：**他们会质疑你设限的理由，

怀疑这些界限是否合乎逻辑。

- **防御心理**：他们会质疑你说的每一句话，甚至怀疑你的人品，或是为自己的行为找借口。
- **沉默抵抗**：对方不接受你的建议，于是拒绝与你交流，意在逼你收回建议，放弃设限。

面对上述反应，最好的解决办法就是打有准备之仗。比如，当发现有人越界时，你可以：

- 果断重申自己的界限。
- 即刻指出并纠正对方的错误，不要错失良机。
- 咬咬牙接受对方有权做出各种反应的事实，即使这些反应完全不符合我们的期待。
- 相信对方的反应是对事不对人。他们只是希望按自己的意愿行事，你却要求他们做出改变，这对他们来说并不容易。
- 管理好自己内心的不安。

埃里克决定继续与父亲交涉。当父亲又一次在电话里撒酒疯时，埃里克对他说："看来你这次又没少喝。先不说了，我过后再打给你。"然后，不等父亲反应过来，他就把电话挂了。经过几次尝试，埃里克发现父亲酒后打电话的次数渐渐少了，偶尔一两次在电话里听出父亲的醉意，他都会重申自己的原则并立即挂断电话。

适应期

要允许对方慢慢适应你的界限。尤其当你之前一直对某事持容忍的态度，如今突然一改常态，对方肯定一时难以接受，他们也许会想“我又不是第一次喝酒，之前也没见你反对呀”，或者“你为何突然改变主意”。

在对方适应的过程中，你可能需要反复强调自己的界限，但尽量别做任何解释。你必须无条件坚守自己的原则。一旦你松懈下来，无论出于什么理由，不想与对方争论也好，认为没什么大不了也罢，之前的努力就白费了，一切都将退回原点。

设定界限对你和对方来说都是一次全新的体验。不妨给对方也给自己一点儿时间来适应你们之间全新的相处方式。

表达界限的常见句子

界限贵在方便让对方理解，像“我需要……”“我要……”“我希望……”这一类开门见山的表达有助于让自己始终清楚自己的目的。

以“我要……”开头的例句：

- “我要你别再问我何时结婚、何时要孩子。”
- “我要你了解我的真实感受，而不是胡乱猜测我怎么想。”

以“我需要……”开头的例句：

- “我需要你准时去取聚会上要用的蛋糕。”
- “我需要你来之前给我打个电话。”

以“我希望……”开头的例句：

- “我希望你能出席我的毕业典礼。”
- “我希望你把车加满油了再还给我。”

以实际行动来跟进你的界限

关于界限的问题，不仅表达难，落实起来更难。对方往往会以你为行动标准，你若要求别人去你家必须脱鞋，自己也要记得脱了鞋再进家门。一旦你没有做到，对方就会以此为借口不再尊重你的界限。所以，一定要做好每一件你要求别人做的事。

除此之外，你还要想好如何应对越界的行为。如果不采取任何行动，就表示你自己也不重视这些界限。

在经历了设定界限的初级阶段之后，埃里克准备进一步向父亲提出他的终极界限。他选择在节日前一周对父亲说“我打算在家里举办一次烧烤聚会，我希望你那一天不要喝酒，如果你到时候又一副醉醺醺的样子，我就会对你下逐客令”。

为了更好地执行这一界限，埃里克要求母亲和哥哥帮他一起监督父亲。烧烤聚会当天，埃里克发现父亲一直在冷藏啤酒的那台冰箱附近转悠。于是，他郑重地向父亲重申了自己的要求。为了减少儿子的顾虑，保罗只好时刻与那台冰箱保持距离。想到埃里克不得不再三地提醒父亲，我着实替他捏了一把汗。但是，这一切在他看来都是值得的，因为父亲终于做到了不在聚会上喝酒。

如何处理习惯性越界

对付那些再三越界的人就要不惜动用各种手段来表达自己的界限。我们已经反复强调了界限问题最好是当面沟通，但大多数人还是选择发信息或邮件，因为这样做最轻松也最不尴尬。

不过，信息和邮件的内容也同样不宜太细太复杂。千万不要长篇大论地解释这些界限的由来，也不要抱怨自己在这段关系里吃了多大的亏。话说多了就容易偏离主题，因此要尽量做到言简意赅，否则最终会演变成一场你来我往的激烈辩论。

设定界限“三不要”

不要为界限道歉

我在社交媒体上发起的一次投票结果显示，67% 的参与者表示他们无法在不道歉或不解释的情况下设定界限。

千万别为自己的界限道歉。你的道歉在对方眼里就是心虚的表现，他们会认为你提出的要求还有商量的余地。另外，就算要拒绝对方的请求，也不必道歉。

你可以试着这样说：

- “谢谢，但我去不了。”
- “这次帮不了你了。”
- “我就不去了，希望你玩得开心。”

不要动摇

不要给越界的人侥幸逃脱的机会，一次也不行。因为有了第一次，很快就会有第二次、第三次甚至第四次，这就意味着一切又要从头开始。

不要说太多

千万不要把界限的前因后果统统说个遍。必要的时候，最多回答一两个对方提出的问题，回答时也要注意言简意赅。记住，对方可能一直在找机会改变你的想法，所以在表达界限时尽量不要牵扯其他话题，否则对方就会有机可乘。

人们不尊重你的界限通常是因为：

- 你本人没有坚守自己的界限

- 你的语气不够坚定
- 你没向对方提出自己的需要或要求
- 你的界限弹性太大，时紧时松
- 你觉得即使你不说，对方也会自觉配合你做出改变
- 你认为界限这种事说一次就够了
- 你为自己的界限向对方道歉
- 你警告对方越界的后果，却没有真正落实

道理很简单，想要对方尊重自己的界限，自己就要先以身作则。

处理越界行为的小提示

提示 1

当场指出对方的错误。因为保持沉默就相当于默许。在那一刻，你不必精心组织语言，也不用在意措辞是否严谨，简单的一句“我不喜欢这样”胜过千言万语。

提示 2

口头表达你的界限。在交谈中自然地说出自己的界限，比如“我不喜欢别人不事先打电话就突然来访”。

提示 3

如果对方违反了你之前说过的界限，一定要让他明白你此时的感受，然后重申一遍你的要求。

练习

在一张纸上完成以下练习：

在脑子里想一个你需要和某人建立的界限，然后：

① 以第一人称的方式写出你的界限，比如“我要……”“我需要……”“我想要……”“我希望……”。句子中不能出现“因为”“所以”等字眼。不解释，不道歉。可以先从小的界限入手，尽量选择自己可以轻松应对的界限。

② 你想用什么方式告诉对方你的界限，当面表达还是通过短信或邮件？做出你认为最安心、最合适的选择。

③ 回答问题：“你的表达够不够坚定？”如果你的答案是“够”，请继续下一个问题；如果答案是“不够”，请重新斟酌你的表达。

④ 你打算何时向对方说明你的界限，马上就说还是等对方下一次越界时再说？再次做出你认为最安心、最合适的选择。

⑤ 及时处理分享界限后的不安情绪。建议立即做一些自我关爱练习，例如冥想、写日记或出去散步。

第 7 章

及时修正偏离的界限

克洛艾越来越受不了整日照顾自己的哥哥雷。毕竟，论年龄，自己才是那个应该被照顾的对象。

在她眼里，雷就是个永远长不大的巨婴，一直以来都在依赖别人——他的前妻、女友、父母，还有妹妹克洛艾。他动不动就使唤人，经常向别人借钱，还总是有借无还。一次，克洛艾急需用钱，无奈之前借给哥哥的一笔钱怎么也要不回来，最后只好先向朋友借钱来解燃眉之急。

雷和前妻育有两女一子。他们离婚前，克洛艾和嫂子还有侄子侄女们的关系一直十分融洽。后来他俩开始闹离婚，哥哥逼她必须做出选择，并要挟她如果继续和他的前妻来往，就和她断绝兄妹关系。

克洛艾向我哭诉自己是多么向往那种正常的兄妹关系，她认为兄妹之间不应该只有付出和索取，而应该互助互爱。她形容雷是一个以自我为中心的自恋狂。他看不惯身边的所有人，他憎恨自己的前妻，讨厌自己的老板，就连母亲也时不时地让他心烦。克洛艾总是安静地听他抱怨，心里很清楚所有问题都出在他自己身上。

克洛艾把这一切都怪到母亲的头上，因为母亲从小就把哥哥宠上了天。长大后，哥哥依然是全家的宠儿。但凡有一件事不照他的意思办，他便大发雷霆，母亲也只好顺着他。不仅如此，就连克洛艾也要对他言听计从，否则他就去向母亲告状。

克洛艾觉得自己的一切都被哥哥榨干了，当然也包括情感。即便如此，哥哥打电话来时她还是不敢不接。有几次她故意不接哥哥的电话，过后都自责不已，仿佛一直听见母亲在耳边念叨："再怎么说他也是你哥哥呀。"

她曾经试过和哥哥设定界限，她一直想对哥哥说"这是我最后一次借钱给你"，但话到嘴边又咽了下去，那副卑微的样子和母亲简直如出一辙。其实，她每次借钱给哥哥都是为了侄子侄女，生怕三个孩子跟着大人受苦。

尽管心里过不去那个坎，克洛艾还是觉得有必要和哥哥划定界限。她不明白自己过去的努力为何一点儿效果也没有，甚至怀疑是否应该考虑与哥哥断绝往来。带着这些问题，克洛艾来到了我的诊室。

克洛艾知道她和母亲说的每句话都会传到哥哥的耳朵里，她想利用这一点间接让哥哥了解自己的感受。于是她告诉母亲，哥哥要所有人都围着他转，她很烦他这一点。母亲只是淡淡地回了一句："克洛艾，你喜欢也好、不喜欢也好，一家人就是一家人。"至于母亲有没有将那些话转告给哥哥，克洛艾不得而知。

"一家人就非得互相喜欢吗？"克洛艾怯怯地问道。自己辛辛苦苦当了那么多年好妹妹，如今竟问出这么一句话，她的心里很不是滋味。目前看来只有她一个人在努力使兄妹关系朝健康的方向发展，她觉得这样的孤军奋战毫无意义。

模糊的界限

界限之所以模糊，是因为我们不明确自己的需求，或不清楚对方的期待。为了避免尴尬，我们总选择跟其他人倾诉自己的想法，而不愿直接向对方坦白。我们有时也会侵犯别人的界限，自作多情地向别人传授相处之道，动不动就将自己的价值观强加给别人。

克洛艾后悔自己没有勇气直面哥哥，而是希望通过母亲间接地把界限传达给他。除此之外，她还经常向母亲吐槽哥哥的生活方式，比如"他当时要是不离婚，现在也不至于这么缺钱"，还有"他要是换一份好一点儿的工作，就不用总向我伸手借钱了"。话说得再多，母亲的反应也只是"必须永远无条件地支持家人"，这个观点克洛艾实在接受不了。

归根结底，模糊的界限并不能有效地改善人际关系。它主要有四种表现方式。

第一种：八卦吐槽型

在有些人际关系中，人们习惯用八卦来交流，尤其在两个不太熟悉的人之间。恶意的八卦或吐槽指的是对自己亲近的人说三道四或向别人泄露他的个人信息。有时为了发泄自己的情绪，我们会把本该跟对方说的话说与别人听，但是这位听众往往对我们吐槽的问题起不了任何积极的作用。在吐槽的过程中，我们反而以一种消极对抗的方式损害了对方的名誉。

第二种：人生导师型

有些帮助是带有附加条件的，那就是“我要当你的人生导师”。这种帮助有时是你主动求来的，有时则干脆不请自来。比如，当你向朋友吐槽一个问题时，朋友往往会义不容辞地告诉你必须怎么做。类似这样的界限问题经常出现在成年子女及其父母之间，因为父母总是不放心子女，忍不住要插手他们的生活。有时候，面对朋友的倾诉，我们很难做到只倾听不发表意见，虽然这才是作为朋友应有的表现。

事实上，对他人的生活指手画脚无异于剥夺他人自己解决问题的权利。性爱与人际关系导师凯特·肯菲尔德（Kate Kenfield）曾说过，“每当我纠结万分的时候，最希望听到的一句话不是别的，正是‘你现在需要的是同情还是建议’”。我们总是一厢情愿地认为对方的每一次倾诉都是为了寻求我们的帮助，其实并不全是。

前不久我在社交媒体上发了一个投票帖，内容是：“当你遇到困难时，你会更希望获得A（建议）还是B（倾听）？”参与投票的4 000名网友中70%以上的人选了B。看来，多数人需要的是一个树洞而不是一个锦囊。

人际交往的一条最基本的界限就是学会倾听，而不是提供建议，或者至少在提供建议之前先询问对方是否需要你的建议。让对方来决定你以什么方式参与他的问题，这才是朋友之间最令人感动的支持。

第三种：打抱不平型

“换作我，我就……”在不同的人际关系中，我们都会根据不同情况来调节自己的承受能力。当我们用“换作我，我就……”的方式向别人提供建议时，无形中就剥夺了别人决定自己界限的机会。所以，大家还是多多练习做一个好听众吧。

第四种：强上价值型

《会说话》（*We Need to Talk*）一书的作者西莱斯特·黑德利（Celeste Headlee）说过，“在开始重要的谈话之前，你最好先想好自己的观点。谈话过程中，再强烈的信念也可以暂时放一边，认真向别人讨教不同的观点。别担心，谈话结束后，你的观点仍在，没人能偷走它们”。人人都有权利拥有自己的看法，但是，关于如何过好自己的生活，别人的看法不一定比自己的更有价值。

重申或修改界限

重申界限时务必使用和最初设定界限时相同的策略，即清楚地说明自己的需求，并且处理好内心的不安。绝不允许有任何越界行为悄悄地发生，因为那样一来，对方会认为你对自己的期望并不那么严肃认真。

克洛艾觉得自己的界限很难执行。她嘴上说“这是我最后一次帮你了”，事实上却不但有下次，还有下下次。面对哥哥的求助，她要么就一口答应，要么就不痛不痒地告诫他这是最后一次。她的界限形同虚设，因为她担心一旦和哥哥闹僵，哥哥就会不让她见那三个孩子，尽管这样的威胁从来都不存在。

于是，我帮克洛艾重新修改了她的界限，只需一句“我帮不了你”，既简单又不拖泥带水。我建议她不要画蛇添足地做任何解释和承诺，一口回绝就行了。

减少互动

时间界限是6种界限中最常见的一种。任何人都无权决定你与他人互动的时间和频率，更不必随时随地把你的时间奉献给那些会在情绪上拖垮你的人。有时候，那些你认为不得不接的电话和不得不回的信息或邮件其实并没有那么重要。对于别人的请求，例如“你能来帮我搬家吗”，你随时可以拒绝。

对于毫无界限感的人，最好的回应就是拒绝。

对克洛艾来说，要减少与哥哥的互动似乎不太可能。因为母亲总在背后提醒她“最近跟哥哥聊了吗”，如果她回答“没有”，母亲接下来必定要催她“打个电话给雷，问问他的近况”。母亲觉得身为妹妹的克洛艾就应该与哥哥保持联系。

克洛艾如果要与哥哥设定时间界限，就少不了与母亲设定不要催她跟哥哥联系的界限，并要求母亲别再把家人如何重要的观念强加到自己身上。

好在和雷设定界限并没有想象中的困难。她只是不再隔三岔五地给雷打电话，雷一开始并没有察觉，因为大多数时候都是克洛艾主动联系的他。

处理母亲这边的情况反而更伤脑筋。尽管克洛艾已多次喊停，母亲还是不停地跟她强调家庭的重要性。因此，克洛艾急需调整一下与母亲的对话方式。

发出最后通牒

最后通牒是指一个人向另一个人提供的终极选择，要么做出改变，要么接受不可更改的结果。这些结果是我们必须坚守的底线。最后通牒一旦发出就必须坚决执行，否则就只是一个威胁。对许多人来说，威胁如隔靴搔痒，只有最后通牒才能让他们重视起来。

最后通牒的例子

口头声明：

“我跟你说过了，来之前先打个电话。下一次如果你再搞突然袭击，我就不给你开门了。”

行动：

发现对方试图越界就坚决不开门。

口头声明：

“我不允许你到处跟人说我的私事。如果你再这样，我就不跟你分享我的秘密了。”

行动：

不再和侵犯你个人隐私的人分享任何事情。

正如上述例子所示，附带上合情合理的后果，最后通牒便可作为一种有效的工具来执行和遵守我们的界限。当然，如果附带的后果带有惩罚性质或是作为筹码来要挟别人，这个最后通牒就是不合理的、不健康的。

合理的最后通牒：

- “如果你 7 点还不打算走，我就自己打车过去。”
- “如果让我发现你又喝酒了，就别想再从我这里借钱。”
- “如果不告诉我你今晚想吃什么，一个小时后我就自己决定。”

不合理的最后通牒：

- “我们必须生孩子，否则就离婚。”
- “你要是敢和那帮狐朋狗友出去，我这一星期都不会理你。”
- “你今晚如果不加班，我就不批准你请的假。”

我和克洛艾一起酝酿她能够说到做到的最后通牒。她和母亲的关系大部分时间是和谐的，因此她不想和母亲闹僵，只是希望母亲别再总跟她提哥哥的事。于是，克洛艾决定这么跟母亲摊牌：

口头声明：

“妈，我已经跟你说过，别再跟我提家庭的重要性，也别再催我去关心雷的近况。作为一个母亲，你绝对不希望看到你的两个孩子关系不和谐。但是，如果你不尊重我的界限，我也只好结束现在的对话，或者聊聊别的话题。我这么做不是不尊重你，而是首先尊重我自己。”

行动：

立即改聊别的话题，或者干脆结束对话。

最初的行为改变对克洛艾来说相当困难，因为她的内心充满愧疚，感觉自己的家庭观念受到了挑战。于是，她开始想方设法缓解自己内心的不安，比如写日记、定期接受心理治疗、与支持她的人交谈以及自创一些心理暗示来增强自己的信念。

心理暗示：

- "我可以在家庭关系中设定界限。"
- "设定界限是确保自己的需求得到满足的最合理方式。"
- "表达自己的需求就是在实践对自我的关爱。"
- "在健康的人际关系里，对方肯定会尊重我的意愿。"
- "内心的不安是一个必经的过程。"

有些最后通牒比上述这些都要狠，搞不好就会绝交。

请慎重考虑以下问题：

- 我在这段关系里是否设过界限？
- 对方对我的界限会有什么反应？
- 对方明白我觉得他哪里不妥吗？
- 我是否受到了无法弥补的伤害？
- 对方是否愿意修复这段关系？
- 这段关系中有哪些方面是可取的？

及时喊停

苏斯博士（Dr. Seuss）的著名绘本《绿鸡蛋和火腿》

（*Green Eggs and Ham*）用了 90% 的篇幅讲述山姆如何说服别人尝试新鲜的事物——绿鸡蛋和火腿。面对山姆千方百计的劝说，对方回答得迂回而辗转，比如，“我不想在这儿吃，也不想在那儿吃。我在哪儿都不想吃绿鸡蛋和火腿。”整整 62 页的故事里，从头到尾没有出现过一句“别再问了”。看过一页又一页，我们明显能感觉到对方被山姆烦得够呛，尽管他一次次地声明自己不喜欢吃，山姆还是不厌其烦地问这问那。我在给我 3 岁的儿子读这本书时，立刻就感觉不对劲：“为何对方不直接喊停来阻止山姆的纠缠？”结果，大概看到第 56 页时，对方居然同意了，他尝了尝绿鸡蛋和火腿，惊喜地表示自己“太喜欢吃了”。

对方期待的就是你最终的妥协。他们不厌其烦地纠缠并最终得逞，正是因为你从未明确宣告自己绝不妥协。有些方法虽然简单粗暴，却能省去反复拒绝的麻烦。所以，痛快一点儿，直接告诉对方你不感兴趣。

切断与隔离

仅仅表明自己的期望是远远不够的，尤其是面对那些习惯性越界的人。健康的界限不仅包括宣告你在一段关系中的需求，还包括将其付诸行动。既然设了界限，就要把它加强并落实到位。

切断

切断表示你决定终止一段不健康的关系。我在社交媒体上发起的一次投票结果显示，78% 的人表示他们不相信对方能知错就改。如果一个人多次拒绝尊重你的界限，你就该考虑是否还要和他继续交往。当然，别人也可能因为不接受你的界限而切断与你的往来。一段关系的终止，不管是由你还是由对方先提出的，都有可能引发以下几种情绪：

释然："没有这段关系带来的压力，我感觉一身轻松。"

后悔："我就知道不该要求他们……"

内疚："事到如今，都是我的错。"

气愤："简直不敢相信他们居然会做出这样的反应。"

难过："我好想他。"

以上几种反应，无论积极还是消极，都属于结束一段关系之后的正常反应和典型表现。

结束一段关系通常有两种方式：

- 明确告知对方你想要结束这段关系。
- 突然从对方的生活里消失，事先不给对方任何提示。玩失踪是一种有预谋的、消极地切断关系的行为。

切断是一种更深层次的自我关爱，因为和一个不愿做出改变的人维持一段关系不仅令人痛苦，还会对身心造成伤害。

隔离

隔离指的是用来把自己与他人隔开的那些僵硬界限。一旦形成隔离，就表示你定的这套规矩针对的不是一个人而是所有人。由于规矩定得太死，一些积极有益的人和事也连同那些有害因素一起被你从生活中隔离了出去。这种一刀切的做法未免太草率，无法有效地起到自我保护的作用。保护自己免受伤害和虐待固然十分重要，但这并不意味着要把自己完全隔离起来。应当根据不同的情况设定不同的界限，而不是筑一道高墙把所有人全挡在外面。

接受并放手

当对方一而再再而三地违反你的界限，这说明你们的关系离结束不远了。要结束一段关系谈何容易，因此你必须有所准备，过程中尽量别让自己受伤。结束一段关系不代表双方感情的破裂，更多的是体现了一个人的自爱与自我保护意识，以及设定健康界限的勇气和追求幸福的决心。

人们从一段关系中走出来同样要经历一系列悲伤的心理过程，也就是大家所熟知的沮丧、愤怒、困惑和讨价还价。最终，你总要接受自己无法改变他人的事实，并安慰自己已经为修复这段关系尽力了。

当一段关系走到尽头时，你可以：

- 尽情表达自己的哀伤（哭、恼、悲伤）
- 自我同情与安慰（安慰自己“不是我的错”）
- 全方位地关爱自己（天天做，常常做）
- 列出对自己所有肯定的评价（例如“我是一个有爱心的人”等）
- 剖析自己经历了这段有害的关系之后有何收获
- 确定自己要以怎样的状态出现在目前以及将来的人际关系中
- 原谅自己在这段关系中对对方的姑息
- 原谅自己没能尽早结束这段关系

人们可能会不喜欢你设的界限，并且用以下方式来回应你：

- 主动与你绝交
- 和你冷战
- 试图操控你的想法，劝你放弃界限
- 对你百般刻薄

如果你经历过以上任何一种情况，一定要清楚，这一切不是你的界限造成的，而是这段关系本身就不健康，你的界限正好暴露了所有亟待解决的问题。设定界限不会破坏一段健康的关系。

界限有可能导致一段关系的结束，单这个想法就足以令人退避三舍。然而，与其做最坏的打算，不妨关注一下对方尊重你界限的可能性，就算是再蛮不讲理的人也有通情达理的时候。

一步到位讲清楚

对于一个新手来讲，初战告捷会极大地增强信心。建议先在心里打好草稿，表达时做到清楚直接、一步到位，这样能省掉不少与对方纠缠的麻烦。

你可以大方地向对方说明，设定界限是为了更好地维持这段关系，不仅对你有益，于对方也是利大于弊。界限不是敌人。

克洛艾的第一次尝试并不顺利。她一方面心软，一方面怕影响与侄子侄女的感情，态度反反复复，无法坚定地执行自己的界限。

自己设的界限连自己都无法坚持，就更别指望他人来执行了。克洛艾设了一些执行起来很困难的界限，又发出了一些自己根本无法做到的最后通牒，然后坐等哥哥自觉主动地遵守。她的哥哥一眼就看穿了这些所谓的界限不过是说说而已。

解决问题的唯一办法就是言行一致。唯有把界限执行起来，克洛艾才能彻底卸下心中的包袱。她下定决心按下列要求执行与哥哥之间的界限：

界限

避免一切情绪消耗很大的谈话。

执行步骤

1. 拒绝接听哥哥在不恰当的时间打来的电话。
2. 每次交谈都限时 5~10 分钟。
3. 谈话内容尽量以自己为主。
4. 只当听众，不提供任何建议。

界限

一年里借钱给哥哥的次数不得超过一次。

执行步骤

1. 当哥哥提到在钱的方面有困难时，绝不主动提供帮助。
2. 为他提供借钱的渠道，但自己不借钱给他。
3. 一口回绝他的请求。一旦发现他试图道德绑架，一句话拆穿他的目的："你这么做无非是想让我心里过意不去。"
4. 做好个人理财计划，自然就没有多余的闲钱可借给哥哥了。

界限最忌讳的就是光说不做，必须制订切实的行动计划。执行界限意味着一些新习惯的产生。詹姆斯·克利尔

（James Clear）在《掌控习惯》（*Atomic Habits*）一书中谈到了微小的改变就足以引发重大的结果。他说："所有的大事都始于一些微不足道的小事，每一种习惯都源于一个小小的决定。当这个决定不断重复，这个习惯便开始不断生根发芽，枝繁叶茂。因此，想彻底改掉一个坏习惯，其难度不亚于将身体里的一棵千年老树连根拔起，而养成一种好习惯就好比日复一日地悉心栽培一朵娇弱的小花。"

所以，一切从小事做起。如果做不到对每一件自己不喜欢的事说"不"，那就允许自己先拒绝其中的一半或是最困扰自己的那些事。对方也可能没那么敏感，不可能一夜之间就全盘接受你的界限。但久而久之，随着你的表达技巧日渐纯熟，对方也会渐渐接收到你的信号。

除此之外，别再以没有界限感自居，要开始打心眼里认同自己是界限感很强的人。一开始可能会有点儿心虚，时间长了就会成为事实。每个人都会活成自己想要的样子。不断地在心里暗示自己想成为什么样子，你的思维模式就会渐渐朝那个方向做出改变，并最终实现自己的界限。

确保对方了解你的界限

总有一些人会假装听不懂你的界限，为了不让他们得逞，建议你使用以下这几个句式：

- "你听懂我的请求了吗？"

- “可不可以复述一遍我刚才说的话？”
- “为了确认你听进去了，麻烦你重复一遍我刚刚说的话。”

家长和老师在这方面是最拿手的。他们经常不厌其烦地问孩子：“把你听见的再跟我说一遍好吗？”目的就在于确保对方完整正确地接收到你的信息。这么问当然无法保证对方真的听进去了，但至少能防止他们以没听见或听不懂为借口，继续无视你的界限。

当界限之间发生冲突时

萨莎和托尼在一起两年了。最近，这对小情侣开始因为亲人吵得不可开交。托尼认为萨莎的母亲太过强势，总想插手他们俩的事情，好几次都气得托尼发誓要与她保持距离。

但萨莎很注重家庭，她希望另一半能和自己的家人相亲相爱。尽管她知道母亲有时很霸道，但始终认为这都是性格使然，没必要为一些小事去纠正她。

有时候，双方的需求会南辕北辙。比如，萨莎希望托尼和母亲走得近一些，托尼则希望与萨莎的母亲保持距离。

当遇到类似的情况时，建议你先问问自己：

- 有没有什么折中的办法能同时满足双方的界限？

- 双方的界限会不会对两人的关系造成什么负面影响？如果会，具体有哪些影响？
- 设定这个界限是不是为了与对方对着干？
- 你打算满足自己的需求到何种程度？

对于萨莎来说，折中的办法就是接受自己的伴侣与母亲保持友好但不太亲近的关系。托尼能做的妥协则是控制与萨莎母亲相处的时间，必要时心平气和地维护自己的权益。一段时间过后，萨莎发现自己适应不了这样的安排，两人最终还是分手了。

在一段恋爱关系中，伴侣并不总是认同我们与家人相处的方式。当两人的界限发生冲突，彼此之间要坦诚沟通并商量出一套折中的办法。最理想的状态当然是双方都做出妥协，而不是单方面做出牺牲。其实，托尼本可以努力与萨莎的母亲搞好关系，直接向她表达自己的期望；另一方面，萨莎也可以好好与母亲谈一谈，劝她改变一下做事的风格。

然而，并不是所有事情都有折中的办法。遇到这种情况，双方就只能维持各自的界限，同时也尊重彼此的立场。

本章着重探讨了什么是模糊的界限以及不明确表达自己的期待所导致的一系列问题。最后通牒在人际交往中常被用作贬义词，但是正如本章所介绍的，我们也可以对它进行合理的利用。

另外，设定界限指的不是筑起一道道高墙。高墙把所有人都挡在了外头，使你孤立无援；界限的作用则是让他人学会如何与你相处。

设定界限无须一步到位，一次不成功就再试一次，总会找到合适的办法。

练习

在一张纸上完成以下练习：

① 在纸上画两条竖线，形成一个三列的表格。

② 第一列用来填写一个你想要落实的界限。允许重复使用上一个练习中用过的内容。

③ 第二列用来填写两项落实这条界限所需的行动。

④ 第三列用来填写一项对方不尊重你的界限需要承担的后果。

⑤ 在执行这个界限时，记得使用这个行动方案来提醒自己下一步该怎么做。

第 8 章
用界限摆脱成长创伤

安伯从小寄人篱下，因此学会了不依靠任何人生活。她刚满月就被送去了奶奶家。10 岁以前，她不停地辗转于父亲家、奶奶家和姑姑家。三个家三套规矩，她都得学会适应。

10 岁那年，母亲突然冒了出来，于是她搬去和母亲一起生活，直到她年满 17 岁。

那段日子简直不堪回首。安伯的妈妈经常和一些不三不四的男人在一起，而且从不按时交各种水电煤气费，于是母女俩时不时就要到不同的男人家里凑合一段时间。还不满 12 岁时，安伯就被她母亲当时的一个酒鬼男友骚扰了。15 岁，她又为了保护母亲，和母亲当时的男友发生了肢体冲突。

直到 17 岁那年，安伯再也待不下去了，于是一个人搬了出去。她不想成为任何人的负担，决定从此自己照顾自己，不伸手向别人要任何东西，反正她原本也没指望别人的照顾。

如今 32 岁的安伯已然是个成功的独立女性。她不仅拥有工商管理硕士学位，还拥有一份自己热爱且收入颇丰的工作。

然而，事业有成的安伯在感情方面却一塌糊涂。每次恋爱，对方都发愁要如何适应她忙碌的生活。是啊，她希望有人陪伴，却又从不“需要”任何人。每交一个男朋友，她都刻意与对方保持距离。她从不把男朋友介绍给家人，也没兴趣见对方的家人。她不明白为何这些男人个个都那么黏人，每天都要和她聊天甚至见面。每次对方一开始认真，她就戛然而止，莫名其妙就结束一段感情。

三年前，她彻底不再和任何人约会。安伯觉得自己就是那种需要独处的人。她总是刻意与他人保持距离，从别人的世界里消失，甚至不接受任何感情，把自己完全孤立起来。

她偶尔会和父母聊天，但次数很少。她一般只在节日或生日才和父亲通电话。母亲后来嫁给了一个相对不那么糟糕的男人。她很想与女儿亲近，隔三岔五地打电话来约她见面。

尽管安伯爱自己的母亲，却从未对她有过信任。毕竟，在她童年的大部分时间里，母亲都不在她身边。因此她现在无论如何也装不出一副母女情深的样子。

安伯还有一个过人之处，就是能够像变色龙那样瞬间适应各种环境。在工作中，她既是一个领导，又是团队里的一员。她深知，要想取得事业上的成功，就必须表现出一副既温和又坚定的样子。

靠着这副样子，安伯整整撑了32年。可是就在最近，她遭遇了一次情感危机。她发现自己竟然会为了一些工作上的小事崩溃。有好几次，她和妈妈聊着聊着就发起火来。过去她总是一脸笑容，最近却经常走神，满脑子都是小时候那些琐事。

父亲去世后，安伯决定来找我谈一谈。她不明白自己为何会为父亲的去世而感到心烦。这自然不是父女俩关系好的缘故，而是出于愤怒，好像父亲的去世一下子勾起了她所有伤心的往事。她开始不停地回忆自己如何被母亲抛弃、如何被虐待，总是从这个家搬到那个家，却始终找不到家的感觉。

界限与创伤

童年的创伤会影响我们的成长，同时也会影响我们执行和遵守界限的能力。童年的创伤包括性创伤、身体创伤以及情感上的虐待或忽视。我们不妨来逐一分析一下。

童年不良经历或称童年家庭创伤指数测试是用来衡量童年时期所受的创伤对个体的影响，评估的范围包括虐待、忽视以及家庭功能失调。每一项又具体包含以下内容：

- 虐待：身体虐待、性虐待、精神虐待
- 忽视：身体忽视、情感忽视
- 家庭功能失调：家人有精神疾病、有家庭成员被监禁、药物滥用、母亲被家暴、父母离异，甚至还包括居无定所

这项测试的满分为 10 分，分数只要达到 4 以上，就说明

被测者容易出现健康问题、人际关系问题以及心理健康问题，如焦虑和抑郁。

安伯的测试得分是 8。她外表看起来很健康，内心深处却伤痕累累。她不曾拥有健康的关系。父亲去世后，她只想让自己好受一些，不想被那些伤心的往事淹没，也不想为父亲的离世感到愤怒。

当我向她提起界限一词的时候，她完全想象不到界限和她生活中的这些问题有何关系。我试着帮她把目前的情绪状态和童年的创伤联系起来。渐渐地，她意识到自己原来一直在用僵硬界限和所有人保持距离。

安伯很畏惧与人建立情感上的联系。她觉得伤心和狼狈都是脆弱的表现，因此把这两种情绪藏得严严实实，从不让人发现自己的脆弱。父亲刚去世的那段时间，面对别人关切的询问，她也总是一脸平静地回答“我很好”，事实上她一点儿也不好。她默默忍受痛苦，试图把所有情绪都埋藏起来，结果却事与愿违，压抑多年的情绪瞬间爆发。

几个月来，安伯一直很抗拒心理治疗，经常是时断时续。她很讨厌靠心理治疗来改善自己的情绪。有一次，我告诉她，也许她需要的不是心理治疗，而是让自己好过一些，治疗只不过是这个过程的一部分。

克劳迪娅·布莱克（Claudia Black）是一位著名的成瘾症作家、演说家和训练师。她认为，人们在经历创伤时通常会遇到下列三种常见的越界行为。以下是每种类型的几个例子。

物理界限：

- 不恰当的身体接触
- 压抑的感情
- 没人教自己如何爱护自己的身体
- 不承认个人隐私
- 不提供合适的衣物
- 殴打、推搡、乱掐乱拧
- 偷看日记或乱翻个人物品

性界限：

- 讲黄色笑话或发出性暗示
- 接触成人用品，如色情杂志或性爱视频
- 因性别或性取向而贬损他人
- 没有获得关于身体发育方面的生理知识和正确的引导
- 强行发生性行为
- 任何一种性虐待
- 无视对方对性行为的拒绝
- 不尊重对方想使用保护措施的要求

情感界限：

- 极度轻视对方的情感
- 经常被吼
- 被人左右自己的情感和思想

- 被告知自己不该有这样或那样的感受
- 不教孩子如何关爱自己
- 被要求处理父母之间的矛盾
- 别人对自己有过高或过低的期许
- 让对方承认不该承认的错误
- 不允许拥有自己的看法和意见
- 被冷嘲热讽
- 被当面告知“你的感受不重要”或“你不够好”

经历过虐待或忽视的人成年后出现的常见问题包括：

- 过分乐于助人，即使有时候力不从心
- 不停地工作（将忙碌与成功画等号）
- 借钱给从不还钱的人
- 过度分享，想要以此来获得对方的喜爱
- 无法控制情绪
- 总在讨好别人
- 害怕与人发生冲突
- 缺乏自尊
- 与人过度亲密
- 不参考别人的意见就无法做出决定

成年人之间的虐待行为

虐待不仅是针对未成年人，成年人也可能遭受虐待。成年人之间出现家庭暴力就是界限不断被侵犯的最典型的例子。同理，成年人之间出现言语虐待、情感虐待或情感忽视，也属于越界的表现。

创伤对依恋关系的影响

无论是在童年时期还是成年以后，创伤所引起的越界行为都会影响我们与他人形成健康的依恋关系。以下两种不健康的依恋方式最能反映创伤对关系界限的影响。

焦虑型依恋：

- 不断寻求他人的肯定
- 进行自我破坏行为
- 不断威胁要脱离这段关系
- 经常不满对方对这段关系的投入程度
- 经常为了一点儿小事闹分手
- 经常把对方的行为和意图看作对自己的威胁
- 一想到与对方分手就六神无主
- 内心渴望亲近，外表却拒人于千里之外
- 表现出需要对方的愿望和寻求对方关注的行为

- 独自一人时会感觉不安

回避型依恋：

- 不断地寻找理由来证明这段关系不正常
- 过度关注一段关系的消极方面
- 一门心思想摆脱这段关系
- 很难自我表露
- 害怕失去自主权
- 认为“谁都不够好”（“谁都配不上我”）
- 经常把正常的情感交流看作“太黏人”

在不健康的依恋关系中，通常都存在僵硬界限。焦虑型依恋的人则更偏向于设定松散的界限。唯有安全型依恋才具备健康界限的特征。

安全型依恋：

- 与伴侣分开时不会感到不安
- 发生争执时不会情绪失控
- 有良好的自我意识
- 可以大方得体地与人分享自己的感受
- 与他人交流情感时不会反应过度

安伯与人交往的方式属于典型的回避型依恋。她既想与人交往，又不想失去自主权。她无法接受那种依赖别人的感觉或想法。童年时经历过情感忽视的人长大后很可能会依赖无能，这样的人通常具备以下特征：

依赖无能（反依赖）：

- 很难在人前示弱
- 不愿意向别人求助
- 更喜欢独自完成一件事情
- 不喜欢依附于他人
- 刻意与人保持情感距离
- 常常感觉孤独
- 无法判断也不愿承认内心的真实感受

反依赖行为可以被理解为回避型依恋的人尝试对自己进行的一种保护。内心虽然渴望与人建立关系，现实生活中却害怕为对方付出真心，于是，为了获得安全感，他们只好使用一些僵硬的界限来拒人于千里之外。

创伤后的羞耻感与内疚

那段惨痛的经历固然可怕，但比起此后一生都在逃避这段经历所带来的影响，那点儿可怕又算得了什么。接受自己的脆弱固然很冒险，但放弃享受爱、归属感与快乐更危险。唯有鼓足勇气去探索黑暗，才能找到生命中的无限光明。

——布琳·布朗

脆弱是我们与他人分享自我的能力。一个人最放松舒服的状态莫过于可以不计后果地展现自己的脆弱。脆弱让我们能够诚实开放地面对那些影响我们成长的经历。害怕脆弱就是害怕被人贴标签。

成长在一个功能不全或失调的家庭里会让我们有羞耻感。这种羞耻感常使我们抬不起头，喜欢讨好周围的人。对于经历过创伤的人来说，最难接受的就是与他人分享这段痛苦的经历。

我们担心对方一旦看出我们的脆弱，就会：

- 瞧不起我们
- 再次伤害我们
- 鄙视这段经历
- 认为我们软弱无能
- 对我们评头论足

当我们害怕面对脆弱时，就会在周围筑起一道僵硬的界限以确保自身的安全。

守口如瓶对沟通界限的影响

一旦别人对我们做出越界的行为，我们便会忍不住思考自己的界限是否恰当，担心别人是否尊重自己的界限。

有些家庭强调“家丑不可外扬”，一旦你想和外人聊一聊自己所受的创伤，一种背叛家庭的感觉便会油然而生，有时甚至会因此而导致家庭关系的破裂。

长期忍受家庭暴力的人会觉得向朋友或家人诉说自己所受的虐待就等于背叛自己的伴侣。虽然清楚对方的行为很过分，但是当你尚未做好离开对方的准备时，向别人倾诉也许会刺激到对方，于是间接地迫使你不得不提前做出选择。

教孩子保守秘密其实不利于他们的成长和发展，但是务必保证他们在安全的前提下分享自己的家庭问题，这一点无论对大人还是小孩都十分重要。

心理创伤对执行界限的影响

影响 1

在一段关系中，你每一次据理力争，对方都看作无理取闹或犯傻，甚至尽情地辱骂和贬低你。

结果：为了避免冲突，你在伴侣和其他人面前会尽量不说话。

影响 2

在你小时候，每每想跟妈妈分享点儿什么，妈妈都不想听或者动不动就让你闭嘴，甚至在你需要帮助的时候（比如在学校里和同学闹矛盾了），妈妈都毫无反应。

结果：你渐渐开始相信自己的需求无关紧要，于是不再与人交流。

影响 3

你上大学时有一次被性侵了，那个侵犯你的人说："没人会相信你的鬼话，因为你当时喝醉了。"

结果：你从此滴酒不沾，也不谈恋爱，因为你不再信任自己，也不再信任他人。

如何解决这些问题并学会举一反三

无论你在生活中经历过什么，改变都为时不晚。一旦发现自己的界限过于僵硬，就应该考虑把它变得健康合理一些。

举个例子，如果你觉得有必要在某方面做出调整，随时都可以改变自己的依赖方式。假如你很回避在一段关系中做出承诺，不妨考虑一下稳定的伴侣关系会带来什么好处。不要因为过去的创伤而把自己关在一个自认为的舒适圈里，要下决心改变现状。先从分享更多的信息开始，慢慢地学会向人求助，然后自然而然地开始与对方的健康互动，并通过更多的分享与对方建立情感上的联系。

如果关系中的对方存在依恋关系的问题，不要一味接受，而要试着改变。说出你的观察，甚至可以分享你对他的行为做出的假设。不要沉默，除非那些潜在的问题都能得到妥善的解决，否则你们的关系就会一直不健康。

如果关系中的对方受过一定的创伤，不要事事都替他承担，一定要把自己的所见所想告诉对方，并且建议对方接受专门的心理治疗。

如果你曾经历过反依赖、性虐待、言语虐待、情感或身体忽视，就有可能因此而失去关爱自己的能力。

关爱自己其实就是：

- 只在力所能及的范围内关心和陪伴他人
- 保持心理健康
- 在父母面前始终扮演孩子的角色
- 永远不在兄弟姐妹当中扮演父母的角色
- 勇敢地提出自己的需求
- 在假期做自己喜欢做的事情
- 不插手别人的事务
- 不和那些消耗自己感情和精力的人联系
- 分清真实的自我和别人眼中的自己
- 不把过去作为逃避现实生活的理由
- 公开自己的感受

- 让自己感受到快乐
- 不加粉饰地分享过去的真实经历
- 温柔地善待自己
- 自学一些小时候没有学到的东西
- 学会爱自己的身体

练习

在一张纸上完成以下练习：

① 你所受的创伤在哪些方面影响了你设定界限的能力？

② 你会如何安慰自己，以便自己放心大胆地为了获得安全感执行一些必要的界限？

第 9 章
遵守自己的界限

凯尔最近涨薪了。钱一到手，他就去买了一辆新车。在他看来，这辆车是对自己一整年辛苦工作的奖励。他认为努力工作就该得到相应的回报。他从不吝啬犒劳自己，每次加薪或得到一笔奖金，他都会花大钱给自己买一份礼物，比如手表或者名牌服装，有时还会出去度度假。

别看凯尔表面光鲜，私底下却是个全靠工资过日子的“月光族”。他不仅没有存款，还欠着一张 2.5 万美元的信用卡账单没有还。为了维持生计，他只好定期向父亲借钱。他不想让金钱限制自己的购买欲，这样的想法着实给他惹了不少麻烦。

这一次，凯尔险些连车贷都还不上。在父亲的强烈要求下，他才勉强同意来我这里接受治疗。虽然他早就立下目标要学会理财，可至今未见任何行动。初次见面时，他衣冠楚楚，谈吐不俗，全然不像一个身无分文的“负翁”。

一开始，他迟迟不肯开口，不明白自己为何需要接受治疗。他自信只要熬过接下去的几个月，把贷款还了就没事了。直到我问他：“这是你第几次这样安慰自己？”

他一下子愣住了。他知道自己经常入不敷出，他也不得不承认，每逢捉襟见肘的日子，他总会搬出这句话来安慰自己，“只要熬过接下来的几个月就没事了”。结果，几个月熬成了几年，非但那些窟窿没有填上，还狼狈到要向父亲伸手。好不容易多挣了些钱，下一秒就又潇洒地花出去，买回来的东西一件比一件贵。

凯尔无法控制自己花钱的欲望。他一想到不能随心所欲地花钱就会局促不安。第二次见面时，我让他列出一些长远的经济目标。他把存钱养老、买房子、还车贷以及提前退休等目标都写进了计划里。完成之后，我问道：“好，那你打算如何实现这些目标呢？”

凯尔先解释说这些都属于长远目标，不是一年半载就能实现的。经过一番讨论，我才发现原来这些目标早在五年前他就定下了，只是这些年来一点儿进展也没有。

这些目标之所以无法实现，原因就在于他在经济上没有给自己设定健康的界限。他的钱总是到手没两天就花光了。这种态度和习惯只要一天不改，他就永远只能做“月光族”甚至“日光族”。了解到他其实有一些更明智的经济目标，我们便开始讨论怎样的界限才能帮助他实现这些目标，比如多存钱、少花钱和延迟满足等。

对自己设限的意义

如果不改变形成自己现有行为模式的潜在思想意识，就很难改变自身的习惯。即使你有了新的目标和计划也无济于事，因为你还是原来的那个你。

——詹姆斯·克利尔

一谈到界限，我们最先想到的总是通过改变别人的行为来改善自身的处境。不可否认，他人的行为的确会对我们的生活造成影响。但除此之外，影响我们生活质量和人格的还有我们的个人选择。只有对自己设限，我们才能清楚地看到自己是如何影响自己的生活的。

凯尔选择做一个月光族，日子过得如此窘迫全是他一手造成的。如果想要更合理地安排收支，并且一步步实现自己的经济目标，他就必须严格遵守对自己的界限。

其实，像凯尔这样的负翁绝非少数。数据显示，美国人的平均信用卡额度为 8 398 美元，每人至少持有 4 张信用卡。美国消费者的消费贷款总额约为 13.86 万亿美元，其中包括抵押贷款、汽车贷款、信用卡消费和学生贷款。嘉信理财最近的一项研究表明，有 59% 的美国人过着月光族的生活。

有太多的美国人过着无存款、无应急资金、无退休金的“三无”生活。一次小小的财务困难就足以使一个普通家庭彻底破产。

说到底这就是界限问题，原因就在于我们不愿对自己的欲望说“不”。随心所欲很危险，我们却明知故犯，当然不是出于对自己的伤害，而是缺乏健康的自我界限。

自律是一种难得的好品质。一个人如果能抵制冲动，改掉陋习，只做那些对自己真正有意义的事情，他所做的一切就是在执行健康的自我界限。毕竟，关爱自我，人人有责。

自我界限有助于我们处理好生活中的下列问题：

- 财务状况
- 时间管理
- 自我关爱
- 在人际关系中的待遇
- 对自己的看法（没错，我们不允许别人轻视我们，同样也不能自己看轻自己）
- 对事物的反应
- 对伴侣的选择

财务状况

凯尔应该及时改善自己的财务状况和消费方式，这件事除了他自己，谁也解决不了。在治疗过程中，我们对比了各种有益的观念和有害的想法。他承认自己的金钱观相当离谱，尽管有不错的收入，却还是东挪西凑，负债累累。经过我们共同的努力，他终于开始接受一些有益的金钱观，比如“不要把挣来的每一分钱都花掉”。同时，他开始为自己设定一些界限，比如：先把收入的 10% 存起来再考虑为自己添置东西；做好消费预算，并且用它来遏制冲动消费；多赚只能多存，但不能多花。

自从给自己定了这些新规矩，凯尔一步步学会了如何理财。在设定这些界限之前，他花钱时总是不假思索，结果后患无穷。如今花钱不再大手大脚，让他更加安心地朝着自己的经济目标稳步前进。

另一个关于财务的重要界限就是要学会回应别人向你借钱的请求。

处理这类问题时，建议你参考以下界限：

- 先做好这笔钱有去无回的打算，再把钱借出去
- 只有符合这样或那样的条件，才能为别人的贷款担保
- 坚决不为别人的贷款担保
- 要存钱，以备不时之需

要记住，我们虽控制不了别人对我们提的要求，但至少可以做到坚持自己的界限，所以该拒绝时就拒绝，该跟对方讲清楚可以帮忙的程度时也一定不能含糊。

时间管理

缺乏自律是缺乏自我界限的一个最明显的标志。

此时，我的手机屏幕上赫然显示着一行字——“我没有时间可浪费”。之所以设这个屏保就是为了提醒自己不要把宝贵的时间浪费在刷社交媒体信息、网上购物和浏览网页上。做这些事不是不可以，但对我来说，在需要的时候使用电子设备才是有意义的。这么做纯粹是为了避免把该做其他事情的时间都浪费在手机上。

我喜欢看各种关于时间管理的文章、书籍和播客。说实话，它们讲的都是同一个道理：管理好那些让你分心的事情，凡事做好计划，尽量减少浪费时间。简言之，围绕如何管理时间来设定界限就是在解决你的时间管理问题。

处理这类问题时，建议你参考以下界限：

- 必须承认自己不是无所不能的。不要什么事都想做，只做自己力所能及的事情，不要大包大揽。答应别人的请求之前务必先确认自己是否有时间。
- 做计划时要预留更多的时间以确保事情能按时完成。
- 尽量把任务分配出去，尤其是那些不必亲力亲为的事情。
- 为自己制订一个时间表，把它写下来，并且要求自己无论如何都要遵守。
- 计划好一天的时间。
- 制订切实可行的计划来避免让自己分心。

如果你还在为时间管理而挣扎，不妨试着问自己：“我此刻正在做什么？相比之下，我此刻更想做什么？”为自己设一些界限，比如培养一些新习惯或者立一些新规矩，然后渐渐地活出自己想要成为的样子。

自我关爱

自我关爱就是调整和修复自己的身心。顾名思义，自我关爱重在“自我”，能否花时间来关爱自己，决定权就在我们自己手上。

千万不要把自我关爱和买贵重的礼物犒赏自己或放纵自己混为一谈。在某些情况下，人们可能会单纯地把它理解为买保健品养生，但真正的自我关爱与花钱并无太大关系。实际上，自我关爱指的是设定一些界限来关心、支持和帮助自己。

处理这类问题时，建议你参考以下界限：

- 拒绝做自己不喜欢的事情
- 拒绝做不利于自身成长的事情
- 拒绝做占用自己宝贵时间的事情
- 只在思想健全的人身上花时间
- 尽量减少和耗费我们精力的人交往
- 尽量不把精力花在有可能让自己失去理性的人身上
- 多进行积极的自我对话
- 尽情体验不同的感受，不自我否定

- 原谅自己所犯的错误
- 积极地成为最好的自己
- 适当的时候关掉手机
- 累了就睡，不硬撑
- 只关心自己的事情，不多管闲事
- 勇敢地做出有利于身心健康的艰难选择
- 尽量制造机会使自己快乐
- 即使感到焦虑，也不轻易拒绝自己感兴趣的事
- 独自体验一些事情，不总是等待“合适的”人陪自己一起做

在人际关系中的待遇

我常听客户抱怨“别人总爱占我的便宜”。事实真是这样吗？真正该思考的问题是，我们是如何允许对方占我们便宜的。

别人用什么方式对待你，这一点应该由你说了算。毕竟，大多数人都是通过对你的观察来判断你在一段关系中的容忍程度的。必须在口头上和行动上明示对方应该如何待你，并以身作则地善待自己。

处理这类问题时，建议你参考以下界限：

- 如果对方扯着嗓子跟你说话，要告诉对方这样不行。
- 一旦发现问题就要立刻解决，绝不让它继续发酵。

- 发现对方越界，就要自始至终向对方表明自己对沟通方式的要求和态度，比如“我认为严肃的事情最好是当面说，不要用短信交流”。
- 一旦发现对方企图用道德绑架或挑战底线的方式来操控你，要立刻辨明情况并坚持自己的界限。
- 如果对方用莫须有的罪名诬陷你，要立刻予以反驳。比如，对方说“你老是迟到”，你可以反驳说：“我只是今天迟到，其他时候我从不迟到。”不必争辩，摆事实讲道理就好。

对自己的看法

没错，我们可以要求别人换一种方式跟我们说话，同样也可以要求自己换一种方式对待自己。想一想自己平时都以什么态度对自己说话，包括自我对话和心理活动，以及在别人面前说起自己时，用的是何种表达和态度。

有些做法虽然老套，但时常给自己加油鼓劲儿还是有好处的。

自我友善的几句口诀：

- “我会没事的。”
- “我已经尽力了。”
- “是他们不配。”

向内传递这种正能量，温柔、善良、有爱地对自己妥协。

常常自嘲或说一些自损的话也是不尊重和善待自己的一种表现。当你以这种轻蔑的方式谈论自己或拿自己开一些过分的玩笑时，就等于在允许别人也用同样的方式对待你。所以，在别人面前一定要用正确的态度对待自己。

处理这类问题时，建议你参考以下界限：

- 对自己说话要像对小孩说话一样柔声细语
- 越是尴尬的时刻越要教自己应付自如
- 不为自己所犯的错误苛责自己
- 不用难听的话骂自己
- 不在心里或当着别人的面对自己说狠话

对事物的反应

务必要控制好自己对一切事物的反应。我承认，要做到这一点很难，因为有些事可能完全出乎你的意料，有些人也可能一下子就把你惹毛了。面对这种情况，生气和愤怒在所难免，但生气并不代表要歇斯底里地大喊大叫。

你可以选择用各种方式表达自己的愤怒，大喊大叫只是其中的一种。除此之外，许多人还选择用哭泣、深呼吸、离开现场或打电话向朋友倾诉来处理自己的心情。因此，用什么方式应对难受的心情和体验，完全取决于你自己。

处理这类问题时，建议你参考以下界限：

- 生气的时候绝不打人或摔东西
- 想哭就哭，绝不憋着
- 情绪激动时就先离开现场，调整呼吸让自己平静下来

对伴侣的选择

我的客户南希在接受治疗时对我说："我交往的男人个个都爱劈腿。"她觉得是自己的眼光有问题，看上的都是同一类型的男人——花花公子。这个问题的背后隐藏着一个事实，那就是她一直在主动接受一种自己并不想接受的交往方式。

《婚姻与家庭期刊》的调查研究表明：

- 57% 的男性承认在生命中的某个阶段曾对婚姻或伴侣不忠
- 54% 的女性承认曾在一段或多段恋情中有过出轨的行为
- 22% 的已婚男性承认自己在婚姻中至少有过一次婚外情
- 14% 的已婚女性承认自己在婚姻中至少有过一次婚外情

当然，并不是人人都会出轨。南希反复遇到劈腿男，原因就在于她不顾各种危险信号，抛开所有理智的判断，一头栽进这些错误的选择里。每一次她都盼望能侥幸遇上一个对的

人，但这些男人都无一例外地令她失望，使得她越来越怀疑人生：“为何他们个个都背叛我？”

答案很简单，因为南希的界限太不坚定了。即使看不惯对方的行为，她也从来不说，自己默默憋了一肚子怨气和怒火。幸好她及时发现了问题，下决心要为自己设立健康的界限。

我们至少可以选择不与自己讨厌的人打交道，与什么人交往是我们自己的选择。设定界限是为了让自己的生活更轻松，至少在某种程度上，我们可以根据这些界限来把握和建立自己想要的人际关系类型。

如果你发现身边出现的都是同一类人，不妨问问自己：

- 我身上有什么特质在吸引这些人？
- 这个人的出现让我看清了自己身上有什么问题？
- 我在这段感情中到底想得到什么？

处理这类问题时，建议你参考以下界限：

- 明确自己想让什么样的人进入自己的生活
- 一发现问题就大胆说出来，不要委曲求全

坚守自己的界限

有时我们需要不断重申自己的界限，才能引起他人的重视和尊重。

正如前文所说，界限的设定仅仅是一个开始，要一步步落实下去，这个界限才算有效。这其中最大的挑战就是在对方越界之后继续贯彻这个界限。举个例子，假如你已经跟妈妈说来你家之前要先打个电话，她还是没打招呼就来了。此时，能否坚持执行界限就成了关键。你必须狠下心来让妈妈为自己的行为承担一些后果，否则她就会一而再再而三地越界，而你也会因此对她心生不满。

你可能会觉得“对方毕竟是我妈！我怎么可能让我妈承担什么后果”，你当然可以。因为那是你的界限，你有权维护它，即使有时会觉得心里过不去。你可能不想假装不在家，让妈妈吃一回闭门羹。那么换一种做法，把门打开，对妈妈说：“妈，我跟你说过了来之前先打个电话。我现在不方便接待你。要不你改天再来，等咱俩都有空了再好好聚一聚。”

如果我们不坚守自己的界限，别人自然也不会遵守。如果你对朋友说：“我要你保证咱们今晚最多只喝三杯酒。”结果自己却喝了五杯，这种做法是最要不得的。想要别人都遵守你的界限，就必须先以身作则。

另一种坚守界限的方式就是多拒绝别人。拒绝别人就是在为自己争取更多的时间和空间。当你无法答应或不愿答应别人的请求，或者答应了别人的请求就没时间做自己想做的事情时，无论如何都要大胆地拒绝对方。

你的拒绝如果被对方当作耳旁风，就必须立刻阻止对方的纠缠。没错，就是简单粗暴地喊停。对方继续纠缠无非是期待你最后的投降。千万别用模棱两可的表达来误导对方，比如“可能”或“到时候再说”，这两种说法都算不上拒绝。如果你清楚地知道自己不想做某事，当别人不顾你的拒绝继续纠缠的时候，一定要喊停。

我们不妨来权衡一下：

- 进行一项自己不喜欢的活动就等于浪费自己的时间
- 为了别人的事情分心，无形当中就占用了自己的时间
- 抽空去做一件不必要做的事情，用来实现自己目标的时间就少了

多为自己着想一般表现为：

- 如果第二天要早起，今晚就少看一小时电视
- 注意给身体补充水分
- 拒绝不想接受的邀请
- 按照每月的预算来安排开支
- 定期休息，不玩命工作
- 在经济允许的范围内多出去度假
- 自由地体验各种感受，无所谓好与坏
- 每晚 8 点开始就把手机设置成“消息免打扰”模式
- 关注身体健康，必要时去看医生并谨遵医嘱服药
- 关注心理健康，必要时接受心理治疗

- 当身体需要休息时就立刻休息
- 以愉悦身心为目的进行阅读，而不是只为学习某种知识或技能
- 不盲目克制自己的情绪，以健康的方式做好情绪管理
- 养成良好的财务习惯，比如按时缴费和不因为冲动消费而债台高筑；不需要的东西就不买，不着急用的贵重物品就等买得起的时候再买

说到就要做到

对自己设限其实是在有意识地让自己的生活变得更加简单从容。规矩看似严格，但规矩是死的，人是活的。因此，不要把对自己设限看作一种约束。相反，这些界限不仅能帮助我们实现自己的目标，建立健康的人际关系，还有助于我们依照自己的价值观生活。但是，如果你说到却没有做到，你的行为就会演变成自我破坏、自我背叛和讨好他人。

自我破坏

自我破坏一般表现为：

- 拖延症
- 在接近成功前的那一刻放弃
- 一直处在一段不健康的关系当中

- 对自己出尔反尔
- 设定不切实际的界限
- 不努力尝试
- 负面评价自己的为人和能力

不遵守自己的界限有很多种表现，自我破坏只是其中的一种，它指的是进行一系列不健康的行为从而背离自己所定的规矩。自我破坏一般会先从我们跟自己的对话开始。

例如，我们常常在事情开始之前就给自己打退堂鼓。一旦开始给自己灌输负面的想法，越说心里就会越当真。我们嘴上说着“我不行”，实际上却比自己想象的更有实力。一句“我不行”就会导致后面的一系列问题，如拖延、不敢尝试、动不动就放弃、设置不切实际的界限等，还可能包括消极的自我交谈。

因此，在评价自己时，尽可能地使用“我可以”这样的肯定句。不要还未开始就先说放弃。

跟自己说话时，尽量避免使用下列表达：

- “我要试着戒酒 30 天。”
- “多喝水这件事我试试看能坚持多久。”
- “我会向他们说明我的界限，但我敢肯定他们是不会听的。”

换句话说，给自己设界限一定要斩钉截铁，不可以模棱两可。下面来示范一下如何坚定自信地表达自我界限：

- “我要戒酒 30 天。”
- “我可以改变我的习惯。”
- “从今天起我要多喝水。”
- “我可以坚持到底。”
- “请尊重我的界限。”

因此，想要停止自我破坏，唯一的办法就是坚定自信地执行对自己的界限。

自我背叛

自我背叛一般表现为：

- 为了维持与他人的关系而改变自己以及自己的信念
- 不在他人面前展现真实的自己
- 常常拿自己与他人做比较（包括朋友、家人、网上的陌生人和过去的自己）
- 无法始终坚持自己的价值观
- 在别人面前或在心里对自己做出负面评价

顾名思义，自我背叛就是不忠实于自我，具体表现为无法按照自己的价值观生活或无法展现真实的自我。由于自我背叛，我们在内心深处看到了自己的虚假与无奈，随之而来的便是内疚和自我谴责。事实上，在健康的人际关系中，你完全不用背叛自己，而是随时随地都可以做自己。

讨好他人

讨好他人就意味着牺牲自己的快乐来换取他人的快乐。人们之所以这样做，通常是希望被他人接纳。

习惯于讨好他人的人往往认为只要坚持自己的主张就一定不讨人喜欢。因此，为了被他人接受，他们通常会顺着他人的意思说话或做事。然而，并不是所有人都吃这一套。人格健全的人往往更欣赏他人的诚实，更不会拒绝接受一个坚持己见和敢于说“不”的人。

比如，当夏洛特问我：“我可不可以叫别人不要再问我打算什么时候结婚？”我回答她：“当然可以！”我们的人生不是他人想翻就翻的一本故事书。他人问的问题，我们没有义务一一回答，心里觉得不舒服就不用回答。

不要事事都与人分享，该说的说，没必要说的就不说。

什么事是不必分享的呢？例如：

- 为何还不结婚
- 你的恋爱状态
- 打算什么时候要孩子
- 如果你已经有孩子了，打算什么时候要下一个孩子

- 接下来打算干什么
- 如何安排时间
- 你的收入
- 你的消费习惯
- 你的生活方式
- 你的体重（是否有增减）

无论如何你都要选择自己觉得舒服的方式进行分享，同时也要选择跟什么人分享自己的私事。网友们经常在社交媒体上向我提一些非常私人的问题，我不想回答时便选择不答。

当你不想回答别人的问题时，不妨试试下列方法：

- 反问对方："这个问题很有意思，是什么促使你向我提这个问题？"
- 用同样的问题反问对方："那你想要更多的孩子吗？"
- 说些场面话敷衍过去，然后迅速改变话题："钱这个话题就是有意思。话说你最近在追哪部剧呀？"
- 直接告诉对方："不好意思，我不想回答这个问题。"
- 向对方说明自己的界限："我不喜欢聊关于体重的话题。"

别忘了，与他人进行什么样的对话，选择权永远在自己手上。

修改和重申界限

修改界限

人是会变的。一个人变了，界限自然也会跟着变。因此，对待人际关系中某些事情的态度和容忍度并不是一成不变的，过去接受的事情并不代表现在或将来也要一直接受。界限是可以改变的。当界限发生了改变，可以这么跟对方说："这件事对我来说已经行不通了，我现在想要……"

你也可以适当放宽对界限的要求，比如，你规定自己6点前一定要下班，愿意的话也可以根据实际需要多逗留一会儿。

只是，在修改界限之前最好先考虑以下几个问题：

- 是什么促使我修改自己的界限？
- 这只是暂时的调整还是永久的改变？
- 界限的改变会不会影响我实现自己的目标？
- 改变这一界限会不会使我在这段关系中失去自我？

重申界限

日子一长，人们有时会忘了之前的界限或者以为它们自动失效了。必要的时候可以再次提醒对方（或自己）你对一些事情的要求和当初为何设定这些界限。如果在一段关系中你看到了对方的改变，就说明你们的界限起作用了。

万一你发现自己久而久之也放松了对自己的要求，别忘了提醒自己这些界限曾为你的生活带来哪些积极的影响，然后重新做出承诺，继续把这些界限贯彻到底。

我们无法改变他人，但我们可以改变：

- 自己对他人的态度
- 自己对事物的接受程度
- 自己对事物的反应
- 自己与他人互动的频率
- 自己被他人占用的时间与空间
- 自己参与的活动或群体
- 他人在自己生命中的地位
- 与什么样的人接触
- 允许哪些人进入自己的生活
- 自己看待问题的视角

关键在于坚持

我们也许会一次又一次地不遵守自己的界限。照这样下去，总有一天我们会发现自己的生活因为越界而变得停滞不前，这时就要想办法让自己跳出来。事情虽然说起来简单做起来难，但终归不能让自己一直沉沦下去。所以，在开始放飞自我的那一刻就要及时把自己拉回来，继续遵守自己的界限。

如果你一直认定自己无法坚持，就必定会成为一个无法坚持的人。所以，最好去掉那些消极的心理暗示与标签，告诉自己“我是一个持之以恒的人”。

> 内部动机的最终形式就是习惯与身份的整合。当一个人说“我是一个想要……的人”，而另一个人说“我就是一个……的人”时，这两句话的意义完全不同。
>
> ——詹姆斯·克利尔

练习

在一张纸上完成以下练习：

① 你想成为什么样的人？勇敢地成为自己想要成为的人，让所有人知道和了解自己。

② 列出你想要落实在自己身上的界限，例如“多存点儿钱”，并且在每个界限的旁边都注明一项具体行动来帮助自己落实，例如“开一个储蓄账户，每个月往里面存 30 美元”。

第二部分

如何设定健康的界限

第 10 章
亲情篇：改善界限就是改善你与家人的关系

詹姆斯最大的心愿就是母亲德布拉和妻子蒂法妮能和睦相处。他受够了夹在她俩之间左右为难，一头是抱怨婆婆管得太宽的妻子，另一头是成天唠叨儿媳妇不懂事的母亲。詹姆斯两头受气，又两头都不敢得罪。

蒂法妮恨詹姆斯没能劝婆婆摆正自己的位置。她觉得丈夫一直在默许婆婆插手他们的婚姻，他们夫妻俩做任何决定都要先过婆婆这一关。詹姆斯向来对母亲言听计从，偏偏他每次把母亲的意见说成自己的意见时都会被老婆看穿。他崇拜母亲，在他眼里，母亲德布拉就是他人生道路上的一盏明灯，不仅精明能干还十分强大。蒂法妮可不这么认为，她觉得婆婆的手伸得太长，有时还蛮不讲理，表面看着挺和气，背后却处处与她较劲。

蒂法妮一直梦想能遇到一个像亲生母亲一样疼爱自己的婆婆。然而，从她们“婆媳”第一次见面的那一刻起（那时她与詹姆斯已交往了 7 个月），德布拉就从未停止过向她宣示主权，非得在每件事上都证明自己才是儿子生命中的女主角。他们俩结婚的费用和房子的首付都是詹姆斯伸手向母亲要的。除此之外，他家大大小小的财务问题也都由母亲决定。他们在一起的 7 年里，蒂法妮曾无数次让詹姆斯出面请婆婆别再插手他们的事，詹姆斯从来都不置可否。因此，他们家永远都是婆婆说了算。

蒂法妮开始怨恨自己的丈夫没能挺身而出对抗婆婆的霸权。久而久之，这种怨恨慢慢变成了疏远。比如，她开始拒绝参加一些家庭活动，婆婆一来她就躲进自己的房间。前阵子，夫妻俩开始计划生孩子，蒂法妮觉得是时候要求詹姆斯与母亲划清界限了。最终，他们一致决定通过婚姻咨询来探讨并解决和婆婆的关系问题。

最开始两次面谈的气氛相当紧张，蒂法妮不停地控诉婆婆的种种"罪行"，詹姆斯则竭力在维护母亲的"光辉形象"。到了第三次，我忍不住发话了："或许我们应该把其他事先放一放，先来关注一下你们各自的需求。"这个提醒虽然发挥了一点儿作用，但谈话中不时还会出现德布拉的名字，使我不禁感觉坐在我对面的不是两个人，而是三个人。后来，每当他们提起这个话题，我就鼓励他们不要做无谓的争辩，而是多想想这个无形的"第三者"为他们的婚姻带来了哪些影响。说到这里，蒂法妮和詹姆斯都承认，他俩之间并不存在直接的矛盾，大部分争执都与德布拉有关。

在接下来的时间里，我们谈到了保持一段关系的完整性有多重要。而要确保一段关系不受外力的干扰，最重要的一点就是不与外人做过多的分享。于是，夫妻二人开始为他们的婚姻设定界限，比如哪些话题不能对外人说、什么时候适合与外人分享某些特定的信息，以及如何与外人谈论他们的婚姻。

不得不说，这对詹姆斯来说是最难的，因为他早已习惯了凡事都与母亲分享。一开始，德布拉只要略施小计就能从詹姆斯口中套取她想知道的信息。她很清楚自己怎么做就能使儿子乖乖就范。在经历了几次失败之后，詹姆斯总算掌握了几招对付母亲的办法，也渐渐学会了把握与母亲交流的分寸。

詹姆斯正在学习如何把对母亲的界限贯彻到底，与此同时我也在教蒂法妮用一些激励性的语言支持丈夫的行动。詹姆斯拼命想在母亲面前树立起一个大人的形象，无奈母亲总是拿他当小孩，不停地向他灌输“只有妈妈最了解你、最希望你好”的思想。他担心对母亲设定界限会让她觉得自己在疏远她。他从未想过可以既设定界限，又与母亲保持亲密的往来，同时还能缓解自己的婚姻问题以及蒂法妮和母亲之间的不和。既然德布拉处处为儿子着想，她就应该明白目前儿子最需要的就是与她划清界限。

只有对父母设定界限，才算得上真正长大成人

“成年子女”一词指的是18周岁以上的成年人。即便是18岁以后还与父母住在一起，这些子女也已经成年，父母就该相应地减少或不再干涉他们的生活。当然，既然还住在父母家，家里原先的一些规矩还是得遵守，但这并不妨碍我们拥有自己的界限，即使只体现在一些细枝末节上。

长大成人的一个重要标志就是你的人生从此由你做主。随着越来越独立，每个人都会渐渐地挣脱父母的管束。有些时候，父母可能会教育我们设定界限是不敬和不孝的表现，但只要处理得当，你就不会因此而失礼。如果担心自己的界限会冒犯到父母，最好事先跟父母解释一下这些界限的重要性。

人的一生当中，来自父母的影响无疑是最大也是最深的。你会如何抵抗来自父母的影响呢？当你从父母的小孩成长为他们的成年子女，你们的关系发生了哪些变化？从小到大，父母都对你了如指掌，永远懂得如何左右你的行为和情绪。你也只需通过父母的一颦一笑就能读懂他们的心思。

大多数子女都不想让父母失望。小时候，最令我难过的一句话就是妈妈说的“你真让我失望”，这句话的魔力就在于它总能让我特别伤心，而且我一定会在接下来的两三个小时里表现得规规矩矩。然而，如果不对父母设定界限，这句话早晚会从你的口中说出来。你会为此感到失望、怨恨和焦虑。从某种意义上说，所有成年人都应该问自己：“什么才是我想要的？”

哪些迹象表明需要对父母设定界限？

- 父母知道你和伴侣之间的亲密细节（尤其是那些对你们的关系不利的细节）
- 父母插手你与他人的矛盾
- 父母不尊重你的看法
- 父母随意进入你的私人空间
- 父母要求你顺从他们的每一个想法
- 即使在不方便的时候，你也会出于义务答应父母的要求

对父母设定的界限大致有：

- 公开表达自己的感想
- 以最适合自己的方式和最合理的日程安排来管理自己的时间
- 不强迫自己参加每一次家庭活动
- 告诉父母来你家就要遵守你家的规矩
- 不允许父母不打招呼就来你家
- 不跟父母透露自己与伴侣的亲密细节
- 不在父母面前说伴侣的坏话
- 该拒绝时就拒绝
- 做好心理准备再把伴侣介绍给父母
- 不让父母插手自己与他人的矛盾
- 和父母分享自己的看法
- 开诚布公地告诉父母你希望他们如何对待你的伴侣

- 拒绝接受父母带有明确交换条件的礼物
- 告诉父母你不想被问及关于恋爱生活、结婚生子或其他让你感到不舒服的话题
- 看望父母时尽量住酒店而不住在父母家

向父母表达界限时，你可以这样说：

- “我刚交往了一个新对象。你们不要一见面就问人家要不要和我结婚或打算什么时候结婚。”
- “这个圣诞节我不回家，因为说好了和朋友一起过。”
- “你来我家之前最好先打个电话。”
- “我想自由地表达我的感受，不想听你们告诉我可不可以有哪种情绪。”
- “我知道你们都是为我好。但感情上的事必须由我自己来处理，希望你们不要插手。”
- “如果这笔钱是为了让我答应什么条件，或者将来动不动就要提起我借钱的事来，那我宁可不要。”
- “我明白你们很希望我与家里保持联系，但至于要和家里保持什么样的联系，我有我自己的想法，不需要参考你们的意见。”
- “我和妹妹闹矛盾的时候，希望你们不要从中调停。我们都是成年人了，意见不合完全可以自己解决，不用父母操心。”
- “（作为你们的子女）我不太方便听你和妈妈之间这些

私事，你还是换一个倾诉对象吧。”

- “我是素食主义者。希望你们下次在准备家庭聚餐时别忘了为我准备点儿素食。”

重要提示：

- 为人际关系设定界限是一种正常的、有益身心健康的做法。（亲子关系当然也属于人际关系的一种。）
- 必要时立即和对方分享你的界限。这么做能有效防止事态进一步发展，从而避免出现不必要的反应。
- 和父母设定界限对你们双方来说都是全新的体验，任何抗拒都表明他们正在一步步适应这种全新的相处模式。
- 务必要明确你的界限并且说到做到。
- 子女永远是父母的孩子，这句话一点儿也不假。然而孩子终会长大，并且以自己的方式存在于这个世界上。

围绕假期设定界限

成年以后，我们有时会想要换一种方式享受假期。比如独自在家、出去旅游或是和伴侣的家人一起庆祝等。无论你有什么新想法或新计划，都请尽早做出决定。直到最后一秒才宣布计划有变，对你来说或许更轻松，但对你的家人来说无疑太突然，由此而引发的家庭矛盾自然也在所难免。

围绕假期设定的界限大致有：

- 要求家人去住酒店
- 探望亲戚时选择住酒店而不是住在亲戚家
- 和家人在一起时，尽量给自己一些独处的时间与空间
- 制订全新的过节 / 度假模式
- 少买些礼物或严格按预算来购买礼物
- 不和难以相处的人一起过节
- 一触及敏感话题就立即切换主题

对公婆 / 岳父母设定界限

当你进入一段固定的情感关系后，无论你们有没有孩子，双方的家人都或多或少会给你们带来压力。有一次，我无意中跟客户说起婆婆要来我家的事，客户的第一反应就是："你喜欢你婆婆吗？"婆婆和岳母似乎已成为公认的关系破坏者。

成年子女如果不对父母设定界限，公婆或岳父母就会成为你们婚姻的一大隐患。有意思的是，这个设限的任务常常会丢给配偶来完成。我最常被问到的一个问题就是，"要如何与对方的父母设定界限？"在《别让孩子影响你的婚姻》（*Babyproofing Your Marriage: How to Laugh More and Argue Less as Your Family Grows*）一书中，三位作者一致提倡要与伴侣分享各自的问题，共同得出解决问题的方案，并接受彼此的界限。

最好的办法当然是双方各自与父母设定界限，但前提是双方对家庭问题的看法是一致的，并且有勇气向自己的父母提出界限的要求。如果你的伴侣碰巧是个“妈宝”，这个界限就不得不由你来设定了。

如果不对伴侣的父母设定界限，总有一天你会埋怨对方太软弱，没有站出来维护你们的关系。但是，只有当你先向伴侣提出这个要求，而对方做不到时，你才可以越过对方向其家人表达你的界限。

一定要注意语气和态度的温和。设定界限已经够难了，把父母作为设限对象更是难上加难。要理解伴侣内心的挣扎，因为对方面对的可能是极大的困难和恐惧。

哪些迹象表明需要对公婆 / 岳父母设定界限？

- 他们在属于你的特殊场合（比如婚礼上）反客为主
- 他们在自己家人面前说你的闲话
- 他们从不掩饰对你的不喜欢
- 他们公然向你的孩子表达对你的不满
- 他们质疑你的育儿方式
- 他们插手你家的大小事务
- 他们怂恿你的配偶或孩子对你保密
- 遇到重要的事情，伴侣会先跟父母商量，再来向你汇报
- 他们给你的礼物都有附加条件

- 他们把你限制孩子使用的东西提供给你的孩子

对公婆 / 岳父母设定的界限大致有：

- 明确告诉他们你的育儿理念
- 要求配偶支持你对其父母设定界限
- 直接要求伴侣对其父母设定界限
- 不接受任何有附加条件的礼物
- 开诚布公地告诉伴侣和孩子，有事不能互相隐瞒

向公婆 / 岳父母表达界限时，你可以对他们这样说：

- “既然我们两代人的育儿方式完全不一样，就请你们尊重我们的方式，统一按照我们的标准来要求孩子。”
- “我知道你们很关心我们，我也理解你们想为这个家出一份力。但对我们来说，最重要的还是学会独立经营这个家。”
- “我们很感激你们愿意在经济上支持我们。希望这纯粹是你们的善意，不带任何的交换条件。”
- “我们希望和孩子坦诚地交流。请不要教孩子对我们保密。”

向公婆 / 岳父母表达界限时，你可以对伴侣这样说：

- “我知道你和你父亲无话不谈，但拜托你不要和他讨论我们的性生活细节。”

- “你每次有什么事都先跟父母说，我感觉自己被冷落了。今后无论你有什么事情，都要第一个告诉我。”
- “你不能有事瞒着我，什么事都只对你父母说。”
- “我希望你支持我对你的父母设定界限。”

重要提示：

- 当伴侣在学习如何与父母设定界限时，请给予他足够的温柔与耐心
- 如果伴侣无法与父母设定界限，也没有关系，这件事可以由你来做
- 一旦发生越界就要及时干预

对其他家庭成员设定界限

“我姐姐不喜欢我交任何朋友。任何时候，只要她和我的朋友同在一个场合出现，她都会找借口跟他们过不去。自从我们上了不同的大学，她就一直这样。好像除了她之外，我不能有别的朋友。”莫妮卡每次邀请姐姐参加朋友们的活动，最终都会不欢而散，最近的一次发生在她23岁的生日聚会上。那天，姐姐和莫妮卡的大学室友莫名其妙地吵了起来。过后，莫妮卡再也没心思过生日，几乎整晚都在安抚姐姐的情绪。

除了父母，家里的其他成员也会觉得我们很好控制。无论是兄弟姐妹、爷爷奶奶，还是那些七大姑八大姨，几乎人人

都想在我们的生活中扮演重要的角色。他们想参与我们的生活也不是不可以，只是必须引导他们按照我们认可的方式参与进来。

哪些迹象表明需要对其他家庭成员设定界限？

- 对方用情感操纵的方式让你听话
- 对方跟你分享令你尴尬的私人话题
- 对方主动替你挑选约会对象
- 对方把对你的看法毫无保留地告诉你
- 对方跟你聊其他家庭成员的八卦
- 对方把你的私事告诉其他家庭成员
- 对方逼着你改变自己喜欢的生活方式
- 你们之间存在过度的相互依赖
- 你们之间的交往过于密切

对其他家庭成员设定的界限大致有：

- 保持个人距离
- 主动参与家庭活动，而不是迫于无奈
- 不允许对方谈论你的感情、身材以及任何你不愿意谈及的话题
- 明确自己对每一种家庭关系的需求
- 打破常规，创造一种全新的家庭生活体验

向其他家庭成员表达界限时，你可以这样说：

- “我们不再像过去那样亲密无间了，我们之间的关系也受到了影响。如果你再这样喜怒无常，害得我整晚围着你团团转，我就再也不邀请你和我们出来玩了。”
- “既然我们的政见不同，就不该在家庭聚会上讨论政治。”
- “我知道你们很关心我的恋爱进展，不过我真的不需要别人教我如何谈恋爱，也不需要你们过问我的感情生活。”
- “我虽然很关心（某个家庭成员的名字），但我不会再帮他还账单了。”
- “我不想卷入任何家庭纠纷，也不想再当你们的和事佬。”

重要提示：

- 你可能是全家第一个提出设定界限的人，要做好心理准备，与众不同可能会招致别人的反感
- 设定界限会改变别人对你的看法

共同家长之间的界限

“这辈子都要和我那个自恋狂前妻共同抚养孩子，我该怎么办？”杰森在治疗过程中这样问我。他和前妻杰西卡有两个

孩子。杰西卡成天在孩子面前说杰森的坏话，在教育孩子的时候也总让杰森唱红脸。当初是她坚持要杰森承担一半的抚养权，现在却假惺惺地跟孩子说希望能多陪伴他们，这一切杰森都看在眼里。

杰森觉得杰西卡越来越不可理喻，简直到了无法沟通的地步。她口口声声说当初离婚是杰森的错，怪罪他不仅让大人痛苦还连累了孩子。

“共同家长”一词专门用来形容共同承担父母责任的人，包括离异父母、非亲生但有监护权的父母或有监护权父母的同居伴侣等。就算是感情很好的夫妻或关系不错的前任，在共同抚养孩子时，如果各自采用不同的方法和理念，事情也会变得相当棘手。

家长之间的争吵可能会在不知不觉中对孩子产生负面的影响。两个人一旦有了孩子，这层关系就永远断不了。和前任一起抚养孩子的确很难，但如果有了健康的界限，事情就好办多了。

哪些迹象表明需要对共同家长设定更加健康的界限？

- 对方在孩子面前说你的坏话
- 由于双方意见不统一，所做的决定对孩子产生了负面影响
- 孩子亲眼看到双方的互相辱骂、言语攻击、精神虐待甚至家庭暴力

- 孩子被要求做出选择（选择谁对谁错，或选择与哪一方更亲近）
- 双方吵架时把孩子当筹码

对共同家长设定的界限大致有：

- 事情必须先经过商量才能告诉孩子
- 如果已签订抚养权协议，就要坚决履行协议的内容
- 在与孩子分享对方的信息时，要注意把握分寸
- 制定关于能否在孩子面前争吵的规则
- 如果无法友好地解决问题，就要借助第三方的调解
- 双方到指定的地点接送孩子

向共同家长表达界限时，你可以这样说：

- “既然我们在这个问题上意见不统一，我想我们需要一个合理的折中办法。”
- “我想最好找人帮忙调解一下如何公平地处理监护权和子女抚养费的问题。”
- “不该让孩子看到我们吵架，我们不要当着孩子的面进行任何不恰当的谈话。”
- “请不要在孩子们面前对我出言不逊。”
- “我们的一举一动对孩子都是会有影响的，所以我们要以身作则，让他们看到即使不同意别人的意见也要友好沟通。”

重要提示：

- 孩子会通过观察大人的行为来学习如何建立和维持自己的人际关系
- 孩子是需要安全感的
- 管好你自己，自己设定的界限一定要言出必行
- 家长之间的和睦相处就是对孩子最好的教育

对孩子设定界限

未满 18 岁的孩子在情感上是没有能力处理成年人的问题的。即使有些孩子看起来比实际年龄成熟，他们也不适合分担大人的压力。当然，随着年龄的增长，他们的心智会越来越成熟，再配合一些适当的解释，他们就能更好地理解成年人的思想，处理问题的能力也会有所提高。

界限能使孩子获得更多安全感。尽管他们不承认，但界限的确在养成良好习惯和遵守行为准则方面为他们带来了诸多好处。同时，在指导孩子如何待人接物以及如何拥有健康的人际关系上，界限也起到了至关重要的作用。

我会在下文中多次使用“适宜年龄”这个词来描述界限对于不同年龄群体的适用性。当我的客户不确定该如何界定这一标准时，我通常建议他们不要以自己小时候接触过的事物为基准来进行判断，因为很可能他们自己的经历就不适宜当时的年龄。

相反，我让他们去参考电视节目的分级制度、玩具产品的适用年龄建议以及医生对孩子参与某些事情是否安全的看法。我们不能单纯把这些建议视为硬性规定，而应该深入思考为何这些标准适用于某个特定的年龄群体，这样会有助于我们对适宜年龄的界定。

哪些迹象表明需要对孩子设定界限？

- 你的孩子没有行为准则
- 你属于宽容型的父母
- 你把孩子视为倾诉对象
- 你对孩子唯一的教育方式就是惩罚
- 你允许你的孩子用不恰当的方式跟别人说话

对孩子设定的界限大致有：

- 为低龄儿童设定适宜年龄的就寝时间
- 确保孩子有健康的食物可供选择
- 以适宜年龄的方式和孩子讨论感觉和情绪
- 不要把孩子当作倾诉对象
- 不要指望年龄较大的孩子去照顾家中年龄较小的孩子
- 教孩子用适宜年龄的方式照顾自己
- 让孩子接触适宜年龄的娱乐方式
- 监督孩子的上网和社交媒体使用情况

向孩子表达界限时，你可以这样说：

- “你第二天早上要上学，晚上 9 点就该睡觉了。”
- “你今天喝水了吗？先喝几杯水，否则就不准再喝果汁。”
- “感到生气是正常的。生气的时候你会怎么做呢？”
- “请你先回房间，我要和奶奶单独谈谈。”
- “我才是家长，弟弟应该由我来照顾。”
- “这个节目不适合孩子看。我要更改一下设置，过滤掉那些不适宜的内容。”

重要提示：

- 即使孩子看起来比实际年龄成熟，也要让他们保有所处年龄该有的童真，这一点很重要
- 孩子不需要详细了解发生在大人身上的每一件事情
- 只要持续不断地对孩子设定合适的界限，孩子就会有安全感

教孩子如何设定健康的界限

大人们常常忘了，孩子也是需要界限的。无论是说话还是做事，许多成年人都会公然表达一种“你还是个孩子，没人会在乎孩子的感受”的错误想法。

成年人要时刻牢记：

- 孩子有孩子的感受，要允许孩子去探索和表达他们的感受，这对他们的成长非常有益
- 成长环境以及接触到的事物都会对孩子产生影响
- 大人如何应对孩子的问题也会对孩子产生影响
- 孩子会记住大人给他们的感觉
- 孩子不能作为大人的陪伴或倾诉对象
- 孩子的心智还不够成熟，即使行为举止像个大人，也无法恰当地处理成年人的问题
- 孩子也有心理界限

大多数我帮助过的成年客户都清楚地记得自己童年时的界限是如何被侵犯的，以及从此以后他们要如何努力修复这些侵犯所造成的伤害。这直接导致了他们在成年后也很难在生活中设定健康的界限。每个孩子都应该知道，界限有利于他们的健康成长。

孩子们不敢奢求自己的每个心愿都得到大人的重视，于是当他们想为自己的健康界限迈出一小步时，就会向大人提出一些请求。

孩子在表达界限时可能会说：

- “你能不能别再说爸爸的坏话？”
- “你对我一点儿都不重视。你为什么不听我说话？”

- “我不想拥抱你。”
- “我需要你放下手机，多花点儿时间陪我。”
- “我不喜欢和奶奶说话，她对我一直很刻薄。”

当孩子提出这样的要求时，一定要倾听他们的感受，并且尽可能地尊重他们的界限。

在家庭关系中设定界限尤其具有挑战性。长期以来，家人已经习惯了你的行为方式和你所扮演的角色。如果你不想保持原有的相处模式，就必须大胆做出改变。虽然这看起来很难，但改善界限就是在切实地改善你与家人的关系。

练习

在一张纸上完成以下练习：

① 关于对家人设定界限，你有何感想？

② 你觉得哪位家庭成员最容易接受你的界限？

③ 你觉得哪位家庭成员最难以接受你的界限？

④ 说出两个你想对家人设定的界限。

⑤ 你的家人需要采取哪些行动或后续行动来遵守你的界限？

第 11 章

爱情篇：两性关系问题大多与沟通有关

马尔科姆和妮科尔是在交往了一年之后才决定同居的。然而，同居后的生活并没有想象中浪漫。两年来，他们经常为鸡毛蒜皮的小事吵得不可开交，比如家务如何分配、要花多少时间陪对方，以及未来是否有结婚的打算等。马尔科姆经常在吵架过程中气得夺门而出，在外面一待就是好几个小时，回家后又接连好几天对妮科尔不理不睬。

在面谈过程中，妮科尔向我哭诉说他们基本无法沟通。她实在想不通，两个深爱对方的人为何会动不动就吵起来。

马尔科姆也是一肚子委屈。他嫌妮科尔太矫情，心里有话不直说，偏要用一种故作含蓄的方式拐弯抹角地把人绕晕。马尔科姆对此十分反感，那些绕弯子的话他一句也听不进去。

最令妮科尔耿耿于怀的是马尔科姆对结婚的态度。说起来他俩同居也有两年了，她不明白为何马尔科姆至今还不向她求婚。于是，她渐渐地由失望转为怨恨，每次吵架都要把话题扯到结婚的事情上。

马尔科姆对结婚的态度从来都摇摆不定。他起初从未想过要结婚，直到有一天妮科尔向他提出了这个问题，那时他俩同居已有6个月。当时他根本就没当一回事，而他这种敷衍了事的态度解决不了任何问题。

他们显然需要一个人来帮他们找出问题的根源，解决相互间的沟通问题。起初，他们找我是为了评判谁对谁错，然后建议错的一方做出相应的改变。可没想到的是，我关心的不是对错，而是他们在恋爱初期达成的协议。

除了那些“我爱你，你爱我”的恋爱宣言，马尔科姆和妮科尔几乎从未交流过彼此在这段关系中可以接受的行为。因此，他俩只要一吵架，马尔科姆就躲出去。他们也从未交流过彼此对这段关系的期许，所以才会出现女方想结婚而男方不置可否的局面。整整三年，他们都在为对方的越界行为感到生气，却始终闭口不谈自己的界限。

作为一个有经验的观察者，我一眼就看出了引发这些矛盾的不是别的，正是界限问题。

回归问题的本质

我们已在本书的第1章分享了表明人际关系中需要设定健康界限的种种迹象。在上述案例中，妮科尔的不满情绪已然在她和马尔科姆的日常互动中显现出来了。但是，她并没有直截了当地告知对方自己的需求，反而采取了一种消极对抗的方式。她的表达经常是这种风格："你说过今晚你做饭，但愿你从妈妈家回来时还来得及做晚饭。"同样的意思，坚定自信的人则会这么表达："争取5点前回家，这样你才来得及做晚饭，或者打包些吃的带回来。"这样的表达既清楚又合理，可她偏要把话说得阴阳怪气、话中有话，所以难免引发争吵。

在本书的第2章，我们探讨了不设定界限的后果。此时的妮科尔心力交瘁，所以她的抱怨听起来都是"我不想总是做那个……的人"或者"一直都是我在考虑马尔科姆的需求"。她满腹委屈，觉得自己付出了那么多，得到的回报却少得可怜。

马尔科姆一心只想过平静的生活，他也为此设定了界限，一旦对方打破宁静的生活与他发生激烈的争吵，他就"离家出走"。

参考本书第3章分析的拒绝设定界限的原因，我们不难看出妮科尔的顾虑。她除了觉得直接向对方提要求有点儿不好意思之外，还担心马尔科姆会拒绝她的请求。然而，最关键的问题还是结婚，他们自始至终都不清楚对方究竟有没有结婚的打算。

本书的第6章详细介绍了界限的确认与沟通。运用书里介绍的方法，他们顺利沟通了彼此的界限，两人的关系得到了合理的改善，应该很快又能步入健康的正轨。经过一番讨论，我们就双方的需求得出以下结论：

- 妮科尔的需求：明确这段关系的未来走向，希望有一天能和对方结婚；要求对方分担一些家务。
- 马尔科姆的需求：提高发现问题的能力，避免发生激烈的争执，采用更有意义的沟通方式来解决问题。

首先，我教妮科尔使用一种马尔科姆能够理解的方式清楚地表达自己的想法。她先是要求马尔科姆多分担一些家务，结果出乎她的意料，马尔科姆居然爽快地答应了。于是我们又多试了几种请求对方配合的表达，例如：

- “我需要你帮我……”
- “争取 5 点前回家，因为我想和你共进晚餐。”
- “我计划今晚和你约会，我们好长时间没有在一起了。”

双方总算都明确表达了自己的需求。又过了一段时间，他们不约而同地发现，虽然偶尔还会吵架，但吵架的频率和激烈程度较之前已有了大幅度下降。

谈到结婚这个重要的议题，马尔科姆承认，父母的失职和他所看到的其他失败的婚姻让他对结婚一直有种莫名的焦虑。话题一旦打开，剩下的事情就好办多了。他们详细讨论了各种问题与障碍，彼此都对这段关系有了新的理解与认识。

默契与共识

任何一段人际关系都是靠双方的默契与共识在维系，其中就包括一些相处的规则和界限。面对不同的对象，达成共识的内容也会有所不同。我们或许会在一段关系中显得争强好胜，在其他的关系中却不允许发生争执。之所以不允许发生争执，是因为在某种关系里，双方的默契或共识已将其认定为不恰当的行为。例如，不管是公司明令禁止还是老板与员工之间的默契，大多数人都认同不该和老板发生争执。

明确与对方建立共识的健康界限包括：

- "别冲我嚷嚷。"
- "我想拥有一种开放的关系，双方可以相互讨论其他的伴侣。"
- "我想见见你的朋友。"

妄想与对方生成默契的不健康界限包括：

- 假设对方知道该如何与你相处
- 假设对方会自动满足你的需求
- 假设对方会自然而然地了解你的期望

既然如此，我们何不换一种方式假设：假设对方猜不透你的心思，只有明确告诉他们，他们才懂得如何尊重你的要求。

培养用心处理人际关系的好习惯：

- 定义一段健康的人际关系
- 评估你和某个人交往的原因
- 与人交往时要关注自己的能量
- 做你认为正确的事
- 你交往的对象不一定要获得所有人的认可
- 不以社会规范或常人的眼光来定义一切人际关系
- 尽量发掘人际关系中使你感觉幸福与快乐的东西
- 根据你内心的感觉来做出健康的选择

设定期待

任何时候都可以为人际关系设定一些期待，而且越早设定越好。如果你想结婚，就必须先了解你的约会对象是否也想结婚。如果你不想要孩子，就必须提前知道你的约会对象是否想要孩子。一开始就对彼此建立清晰的认知，才可能在未来的关系中有意地达成一些共识。

恋爱伊始，一切都新鲜有趣，仿佛轻而易举就能使对方感到满足。新鲜感消失后，日子就过得一天比一天糟心。实际上，想要自始至终都令对方满意，就应该诚实地面对自己和对方。此外，为了不浪费自己的时间和感情，当听到对方说“我不想要一段认真的感情”“我觉得自己不适合结婚”“我所有的前任都说我疯了”或“我无法想象自己有孩子”的时候，一定要相信对方的自我评价。如果这些说法你都能接受，说明你们在这些事情上的观点基本一致。反之，如果你想要的恰恰相反，就请果断放弃，继续寻找与自己情投意合的人。否则，在交往的过程中，你就要花大把的时间说服对方同意你的想法。这种相处模式是有风险的，因为很少有人会为了迁就对方而改变自己的初衷，即使有，这种改变也持续不了多久。

几次约会过后，双方就迎来了一个交流期待的绝好时机。一个诚实的人最大的担心就是实话实说可能会把对方吓跑，但这恰恰说明了对方对你说的内容不认同。因此，尽管感觉受伤，也不要错过一个判断对方是否合适的绝佳机会。

在开始一段关系时，务必要了解以下几点：

- 双方对这段关系有何计划？
- 双方有相似的价值观吗？
- 双方有无不可调和的矛盾？
- 双方会如何处理纠纷？
- 双方在这段关系中分别可以接受什么？
- 彼此想对这段关系设定哪些特殊的规则？

如果你已经深陷一段没有事先讨论界限的关系，务必马上明确自己的界限，尽快与对方进行沟通。设定界限的依据就是自己在面对一些具体问题时的感受，这些感受就包括怨恨、倦怠、沮丧、停滞、不安和愤怒。这些情绪会向你显示这段关系中需要设定界限的地方。

沟通不畅是导致离婚和分手的主要原因

作为一名从业十四年的人际关系治疗师，我帮助并治疗过无数对夫妻和伴侣，他们寻求治疗的首要目的都是改善沟通。事实上，我认为大多数人际关系问题归根结底都与沟通有关。在任何一个搜索引擎输入关键词“关于两性关系的书”，得出的结果大多都与沟通有关。

多年以来，在帮助一对对夫妻或伴侣的过程中，我惊讶地发现他们经常是在没有事先讨论交往规则（比如彼此之间允许或不允许什么样的事情发生）的情况下就懵懂地开始了一段关系。人际关系的准则并不都具有通用性，有些事在其他人际关系中或许可行，却偏偏不适用于目前的这段关系。因此，我们要关注的是在目前这段关系中什么是可接受的、什么是不可接受的。

夫妻或伴侣常常会在以下几个方面出现沟通问题：

忠诚

- 你们是彼此唯一的伴侣吗？
- 如何理解一夫一妻制？
- 对感情不忠会有哪些表现？
- 如果有一方感情出轨会有什么后果？

财务

- 在这段关系中双方如何管理各自的财产?
- 双方如何分配开支?
- 如何设置短期和长期的财务目标?
- 是共同开设还是单独开设银行和理财账户?
- 你们中有一方或双方都有财务问题吗?
- 如果出现财务问题，双方将如何处理?

家务

- 双方的具体任务有哪些?
- 要如何合理地分配任务以避免一个人承担所有家务?
- 双方如何共同努力来满足家庭的需要?

孩子

- 想不想要孩子?
- 想要几个孩子?
- 你的育儿理念是什么，或者你认为应该如何养育孩子?
- 你会如何处理与孩子有关的意见分歧?
- 有了孩子以后，要如何维持与伴侣的关系?

外部力量

- 如何处理与伴侣家庭之间的矛盾?

- 当你不同意另一半处理问题的方式时，要怎么办？
- 可以和外人谈论你们的关系吗？如果可以，和什么人谈比较合适？
- 如何确保你们之间的关系不受外人的影响与伤害？

沟通不仅要看次数，还要看内容。那些需要硬着头皮去进行的沟通往往是挽救人际关系的关键。所以，在问题的雪球越滚越大之前，一定要主动与对方沟通。与对方沟通好上述常见问题，就能在今后的关系中避免一些矛盾的出现。

自信果断方能最大限度地减少沟通失误

要表明自己的主张的确很难，尤其当一个人在潜意识里就认为：

- 对方不会在意我的想法
- 对方不会遵守我的要求
- 对方不会把我的话当一回事
- 对方不会理解我
- 这么做无济于事
- 我不想挑事

在健康的人际关系中，双方都会乐于沟通和尊重彼此的需求。在不健康的人际关系中，对方会忽视你、抵制你，甚至挑战你的底线。基于前文对于如何改善或摆脱一段不健康人际关系的探讨，我们不妨假设一个人缺乏自信是出于恐惧。在改善一些伴侣关系的过程中，我惊讶地发现，由于害怕对方的指责，他们在很多事情上都瞒着对方。

贾尼丝和萨拉寻求治疗的原因是贾尼丝经常感觉欲求不满。可是，当我问他俩："你们希望多久过一次性生活？"两位的回答竟如此地一致："一周 2~3 次。"

这种情况绝不在少数，原因就在于大多数伴侣选择用吵架来发泄情绪而不去寻找真正有效的解决办法。以贾尼丝和萨拉为例，与其不停地抱怨"你根本不想和我做爱"，倒不如诚恳地告诉对方"我想要一周做爱 2~3 次"，然后找准时机向对方发出主动邀约。

坚定自信地向对方提出你的期望，只有这样才能避免问题的出现，而不是等到问题出现时才拼命地亡羊补牢。

当婚姻 / 恋爱关系遇到瓶颈时，请先回答以下几个问题：

- 问题究竟出在哪里？
- 我的需求是什么？
- 我该如何与伴侣沟通？
- 怎样才能确保我的需求得到满足？
- 我想要伴侣如何满足我的需求？

开放式沟通

我们时常会遇到一些问题，这些问题不仅会影响一段人际关系的健康发展，也会使关系中的双方都身心俱疲。开放式沟通为解决这些问题创造了条件。所谓“开放式”并不等同于把对方视为出气筒或情绪宣泄的对象，比如我们不能把“我讨厌你妈妈”看作一种开放式沟通，而应该说“我发现我跟你妈妈的关系有点儿紧张。我想改善和她的关系，你有何建议”。

在一开始就建立有效的沟通，这对于维持一段健康的关系来说肯定大有帮助。对于那些已然进入一段关系的人来说，则应尽快开始与对方建立沟通。在小矛盾演变成大问题之前就积极主动地进行开放式沟通，效果往往最好。一切小问题都会积少成多变成大问题，因此，任何一个看似没什么大不了的问题都应及时得到处理。一些生活中常见的小事，如不及时沟通解决，不等你反应过来就会演变成决定关系存亡的大问题。比如：

- “他脱完鞋子从来不放好，就这么摆在那儿等着别人收拾。”
- “她从不问我晚饭想吃什么。”
- “他从不给我的车加油，我什么都要自己做。”

把你的需求告诉对方，对方才知道如何遵守你的界限。

保持沉默只能使自己更加郁闷。

以下是一些爱情关系中常见的越界行为及其解决办法：

举例 1：“我讨厌我婆婆。我丈夫在婆婆面前总是唯唯诺诺。我该如何是好？”

眼看着自己的丈夫对婆婆唯命是从，当妻子的心里肯定不好受。然而，他们母子俩的相处模式和互动方式可能一辈子都改变不了。此时，你无法让丈夫知晓问题的严重性，因为他根本看不到问题的存在。所以，不妨先引导他多谈一谈自己与母亲的关系，然后再委婉地给他一些建议。至于你们的婆媳关系，这绝对不是一朝一夕就能解决的问题。对此你需要付出足够的时间与耐心。

面对婆媳关系，你可以设定各种你认为需要的界限。唯一需要提醒的就是时刻注意“嘴下留情”，即使受到再大的打击也不要在伴侣面前说对方父母的坏话。无论你们婆媳或翁婿之间有什么问题，都不要企图破坏伴侣与其父母之间的关系。

尽可能鼓励伴侣直面自己的父母。在父母面前要有担当，而不是凡事都拿对方当挡箭牌。比如，在解决与父母之间的问题时，最好不提“我老婆说……”这四个字，而尽量以“我们”作为主语来与父母交涉。这样的表达会使这个建议或要求听起来更像是两个人共同的决定而不是出自某一方的想法。

举例2："我的伴侣总是迟到。"

如果你已阐明自己的界限，对方却无法遵守，就必须改变自己的行为来促进和平。以下建议或许能为你提供一些参考：

- 尽量分开驾驶，不搭对方的车
- 尽量适应对方迟到的现象
- 适时地提醒和警告对方
- 接受对方习惯性迟到的事实

举例3："我的伴侣总是借钱给他的家人。我很烦他这么做。"

不借钱给别人或许是你的生活准则，但你的伴侣并没有给自己这样的规定。遇到这样的问题，不妨参考以下解决办法：

- 如果伴侣借钱给别人时用的是你们的共同财产，可以要求他只准动用那笔固定数额的可任意支配资金
- 如果某个人一而再再而三地向你的伴侣借钱，就要跟他定一些规矩
- 和伴侣探讨把钱借出去会对你们的家庭造成哪些短期或长期的影响
- 和伴侣商量家庭储蓄的其他用途

长期爱情关系中的艰难时刻

大多数经历过婚姻的人都有过婚姻满意度下降的体会，这样的体会主要发生在以下三个时期：婚后第一年、刚生完孩子和成年子女离家以后的那段时间。

婚后第一年

对于很多夫妇来说，要学会共同生活，无论在情感上、分享个人空间上还是处理个人财产上，都会遇到困难，常常要花上一整年来适应新的家庭成员以及各种新角色和新体验。在解决新婚夫妇的问题时，我总结出以下几点：

- 学习如何把握私人时间，以及工作和生活中的其他角色
- 合理分配家务和责任
- 处理好和对方家庭成员的关系

婚后第一年是学习共同生活的一年。在这一年里，重中之重是要明确自身的个人界限以及双方的共同界限。例如，你的个人需求是什么？夫妻双方的共同需求又是什么？

这两种界限没有孰轻孰重，无论对个人还是家庭都是一样的重要。许多对夫妻在步入婚姻的第一年会感觉困难重重，原因就在于没有明确以上两种界限和期望。

共同育儿

在育儿这件事上，夫妻双方都有发言权。双方的育儿观念如果发生冲突，矛盾就在所难免。事实上，很少有父母能做到在育儿的事情上意见完全统一（虽然从未见过，但仍心存希望）。许多新手父母都妄想对方能与自己有默契，即使不说也能明白并满足自己的需求。

有一次，我被邀请去《妈妈专属》（*Whole Mamas*）播客当嘉宾。主持人斯蒂芬妮·格伦克在节目里分享了自己希望能在不受干扰的情况下做完一顿晚饭的心愿。她从未想过要对丈夫说："我要开始做晚餐了，请带孩子们上楼，找点儿事情让他们做，这样我才能快速地把晚饭做出来。"只是在心里默默地期待丈夫能懂事地出手相助。这样做的结果就是，妻子默默生气，丈夫一头雾水，两人之间的怨气就此产生。

新手父母要面临的另一个挑战就是两人的关系从此不再像新婚时那么浪漫。他们会因为孩子的出现而日渐疏远，在照顾孩子的时候往往有种一本正经、公事公办的感觉。仅仅应付孩子的吃喝拉撒等基本生活需求就要耗费大量的时间、精力与决心。为了让家庭顺利地运转起来，父母们不得不花时间讨论如何拼车接送孩子以及如何轮流采购生活用品，哪里还有时间分享彼此的世界观和对热点话题的看法？本该用来谈理想、谈人生的时间都用在了考虑尿布是否该换了之类的琐事上。

这些变化的背后有比我们所了解的更加深远的意义。首先，无论是从妻子变为母亲，还是从夫妻变为父母，我们在一段关系中的基本身份发生了改变。除了保持性关系之外，新手父母们几乎不再用一些小情话或小动作来取悦对方，原先那些撩人的信息也渐渐被日用品商店的购物清单取代。

在有孩子之前，双方都有必要提醒对方保持恋爱关系的完整性有多重要。有了孩子以后，也别忘了有意识地把注意力放在和伴侣的关系上。在权衡孩子的需求和你晚上出去约会的需要时，要在两者之间取得平衡的确是很难的。此时你不妨提醒自己，如果父母拥有健康的关系，孩子的成长也会跟着受益。只要记住这一点，你就知道该把婚姻放在首位了。

为人父母的重要界限：

- 有相对固定的约会时间
- 物色一个可长期信任的临时保姆，以保证自己有足够的私人时间和享受二人世界的时间
- 向家人求助
- 规定孩子的就寝时间
- 优先安排时间谈论孩子以外的话题

空巢家庭

当孩子们纷纷长大并离开了家，那些长期围绕父母这一角色来建立身份的父母们可能会一时难以适应空巢带来的变化。要从身体上和意识上都重新进入二人世界并没有想象中那么简单，但有了孩子并不代表要放弃自我和婚姻。为人父母也

只是在自己的生活中多了几个孩子，并不要求你为了养育孩子而放弃自己的生活。

如果是由于之前的界限过于松散或僵硬导致你和伴侣之间无法拥有健康的关系，那就要立即做出调整，一刻也不能耽搁。要不惜花时间重新了解你的伴侣，和对方约会，多陪伴对方。这么做虽然无法使这段关系恢复如初，却能够制造出一些新的浪漫与温情。

沟通的合理需求

正如前文所说，爱情关系面临的最大问题就是沟通不畅。如果双方在交往初期就学会沟通各自的需求，两人就不至于越处越不开心。沟通失败就等于错失了满足自己需求的机会，而导致沟通失败的首要原因就是担心被对方看作小肚鸡肠或过度依赖的人。

有需求是正常的，愿意满足伴侣的大部分需求也是合理的。所以要尽早向对方说明自己的需求，否则双方就会因积怨太久而分手或离婚。

话虽如此，对方也没有义务满足你的所有需求。打个比方，如果你的伴侣很喜欢给你出主意，恰好你此时不想听任何建议，只想找个人倾诉，那你倒不如把事情说与朋友听。我们无法改变他人，也无法说服他人做出自我改变，所以伴侣有时会觉得你的某些需求是在试图改变他。在人际关系中要时刻考虑自己的要求是否合理，这一点非常重要。对方如果无法满足你的需求，可能说明这个要求不够合理。例如，让对方“永远不要翻旧账”这个要求显然不够合理；如果想让自己的要求听起来更合理一些，你不妨说：“如果你再跟我翻那些旧账，我就会口头提醒你不要越界，然后立刻转换话题。”

练习

在一张纸上完成以下练习：

单身人士请回答以下问题：

① 我在一段关系中的五大需求是什么？

② 何时需要跟对方沟通自己的界限？

③ 要如何自然而然地向对方传达自己的界限？

④ 在哪些问题上最难设定界限？

⑤ 我希望那个有可能成为我伴侣的人如何知晓我的界限？

已婚或恋爱中的人，请回答以下问题：

① 我在一段关系中的五大需求是什么？

② 伴侣知晓我的界限吗？

③ 这段关系中存在的最大问题是什么？

④ 我有没有与伴侣设定任何界限？

⑤ 我自己是否遵守了与伴侣设定的界限？

⑥ 我能否用什么新方法来与伴侣分享我的界限？

第 12 章

友情篇：在这个世界上，我们谁也不欠谁

戴夫在下班回家的路上对好朋友凯文抱怨道："我讨厌这份工作。"凯文一边听戴夫吐槽工作、老婆以及生活中出现的其他人，一边陷入一种被掏空和被困住了的感觉。凯文对戴夫很讲义气，每次接到戴夫的电话，他总要先深吸一口气，仿佛在为接下来要发生的事情做准备。他每周至少要接 2~3 次戴夫的电话，每次都要在电话里安静地听他唠叨好一阵子。

戴夫和凯文情同手足。无论凯文有什么需要，戴夫总是第一个赶到。他俩上中学时就是形影不离的好朋友，尽管后来上了不同的大学，也一直保持着联系。他俩下班后都要开 30 分钟的车回家，于是渐渐形成了每周利用开车回家的时间通两次电话和在晚饭后的时间互发消息的习惯。

凯文觉得戴夫这个人既有趣又外向，总能为身边的人带来欢乐。唯一让他受不了的就是戴夫太爱发牢骚。每次和戴夫通电话，他都只负责"嗯嗯嗯"，很少出现你一言我一语的交

流。他一面害怕接听戴夫的电话，一面又觉得不该把这个想法对戴夫说，更不该试图改变他们一贯的交流方式。

凯文自认为是个行事果断有魄力的人，可他无论如何都不忍心伤害挚友的感情。他既想维持与戴夫的友谊，又想和他保持一点儿距离。有几次他试着不接戴夫的电话，过后，戴夫说："我刚才给你打电话了。"凯文每次都不得不找一些理由来解释自己为何不接电话。后来，他实在编不出什么正当的理由了，只好继续接听戴夫的电话。

"我要怎么做才能理直气壮地不接戴夫的电话？"凯文问我。我们首先讨论的就是戴夫会如何回应以及凯文要如何控制内心的不安。我告诉他这种不安的感觉不可能一夜之间就消失，只有多加练习，内心才会强大起来。

一开始，我让凯文在电话里多谈谈自己，看看能否借机分散戴夫的注意力。他发现这么做多少有点儿作用，但大部分时间还是在听戴夫抱怨。接着，我又教凯文用一些话引开戴夫的话题，比如"跟我说说今天都有哪些好事发生"。这个策略也只能暂时把话题引开，其余时间戴夫仍在不停地发牢骚。凯文最终决定每周只和戴夫通一次电话，每次限时 15 分钟，不再像过去那样一打就是半个小时。

大多数时候，凯文都能坚定地执行自己的界限。偶尔一两次疏忽了，他立马就尝到了每周两次 30 分钟枯燥对话的后果。

不为友谊设定界限，就要自己承担后果

友情是除了亲情以外最难执行界限的一种人际关系。朋友经常会跟你分享自己如何被冒犯以及被人冒犯的感受。这一举动无形中增加了你对他们设限的难度，因为你会不由自主地认定自己的界限也同样会被他们视为无情无义且无礼。但事实证明，许多友谊还是经受住了界限的考验，你和你的朋友或许也能做到。只要你记住一点，如果一段关系因为界限而结束，它的背后就必定存在更大的问题。我在社交媒体上发起的一则投票结果显示，81% 的参与者不喜欢朋友跟他们分享自己的恋爱细节。如果不针对这些问题设定相应的界限，这些伤及友情的大难题就会永远存在。

人际关系可以反映出人与人之间是否拥有健康的界限。想让别人了解我们接受和处理负面情绪的能力，唯一的办法就是大胆表达和以身作则。

如何才能毫无顾虑地执行自己的界限？我再说一遍，毫无顾虑是不可能的。设定界限就好比肌肉训练，练习做得越多，就越能举重若轻。我们总担心设限会伤及感情，之所以有这个顾虑，八成是因为朋友向我们抱怨过在别处遭到的冷遇，只是我们从未认真思考过他们遭受冷遇的原因。

大学时，我的一个朋友经常向我抱怨男朋友以及身边的其他人如何评价她。听着听着我就认真了起来，甚至开始分析那些评价的真实性。作为朋友，我其实用不着这么认真，也不

必继续听她抱怨，更没必要为了装好人，从头到尾“嗯嗯嗯”地应付她。此时，她需要的只是我的陪伴。明白了这个道理之后，我便开始试着转移话题。我需要找一个我俩共同感兴趣的话题来分散她的注意力。我是真心喜欢这位朋友，不想因为这件小事而失去她。为了我们之间的友谊更加健康，及时调整谈话方向才是明智之举。

如何分辨一段友谊是否健康？

一段健康的友谊通常有以下标志：

- 朋友希望看到你的成长
- 朋友之间相互支持
- 朋友之间互惠互利
- 友谊会随着你们的成长而历久弥新
- 朋友之间知道该如何相互支持
- 界限不会对友谊产生威胁
- 朋友希望你做自己
- 朋友了解并接受你的各种小怪癖
- 可以放心地与朋友分享你内心的感受

不健康的友谊则通常表现为：

- 朋友之间明争暗斗
- 和朋友在一起时往往表现出自己最差的一面
- 和朋友交流之后就情绪低落

- 朋友会在众人面前让你难堪
- 朋友之间没有共同点
- 朋友向别人透露你的个人隐私
- 缺少平等的互动（其中一方的付出大于回报）
- 无法妥善处理分歧
- 朋友不尊重你的界限
- 彼此之间过度亲密或过度依赖

如何面对朋友的抱怨

抱怨大致可分为三种：发泄、求助和唠叨。发泄通常只为一吐心中的不快，不求问题能得到解决。求助则是以寻求解决办法为目的的一种抱怨。唠叨最为奇怪，它既不求实质性地解决问题，也没有真正使情绪得到发泄，只是单纯把一件事情翻来覆去地说个不停。

从本质上讲，唠叨就是对他人的一种宣泄。发泄或求助一般不会引起别人的反感，唯独唠叨最让人受不了。

抱怨并不可怕，可怕的是一个人无时无刻不在抱怨，这大概就是爱抱怨的人不讨人喜欢的原因吧。如果身边总是出现喋喋不休的朋友，不妨先在自己身上找一找原因。

如何应对爱唠叨的朋友？

- 只在适当的时候与对方共情

- 及时更换话题
- 有意地主导与对方的谈话，不让对方任意更改话题
- 以身作则，不发牢骚
- 发表意见之前先征得对方的同意，并且留心对方是否能接受残酷的真相或实话
- 不要随口敷衍（比如“情况并没有那么糟”或“你能挺过去的”）
- 尽力做到以上几点，并且围绕谈话的时间和频率与对方划定明确的界限

如何告知对方你不愿为他出主意？

- “关于这件事我也不确定该如何帮你。”
- “问题看来很严重。你想过和那个困扰你的人好好谈谈吗？”
- “你自己打算如何应对这种情况？”
- “我个人的想法太片面了。我想知道在这种情况下你会怎么做。”

如何不让自己变得爱唠叨？

- 关注自己发牢骚的次数
- 向对方说明发牢骚的目的，比如发泄或求助
- 下意识地避免漫无目的的交谈
- 通过写日记来排解内心的感受（这个方法非常有效）

为何友谊会出现界限问题

我们越长大就越难交到新朋友，跟老朋友之间也越来越安于现状，懒得再重新制定规则。尤其到了30岁以后，结交新朋友更是难上加难。因为随着年龄的增长，原本用来培养友谊的心思和时间都渐渐地被爱情、家庭、孩子、工作等要面对的其他事情占据。

30岁以后，人们在对待友谊的方式上往往会经历一些内在的转变。由于这个年龄段的人已在过去的自我探索中获得了一定的自我认知，在选择朋友时就会变得更加挑剔。正如《友谊危机：成年人如何交朋友》（*The Friendship Crisis*：*Finding*，*Making*，*and Keeping Friends When You're Not a Kid Anymore*）一书的作者玛拉·保罗（Marla Paul）所说："如今（挑选朋友）的标准比年轻时高多了，那时的我们简直来者不拒，跟任何人都能坐下来喝一杯。"

我们不再像过去那样无所顾忌，在与人交往时常常会思虑过度，比如"他们会喜欢我吗"或者"我刚才没说错话吧"。

在一段维持了10年以上的友谊里，双方早已习惯了彼此在这段关系里的角色。此时若提出重新设定界限仿佛是对过去的一种否定和背叛。人总是在不断地成长和改变，当你在一段友谊中收获了成长，你生活中的方方面面也必然会获得同步的发展。

我和我的一帮朋友相识于中学时期。一路走来，我们不得不学会适应各种生活的变化，从考上大学到找到第一份工作，从认真恋爱到结婚生子，每一次变化都需要我们对友谊进行重新界定。其间，有些朋友走着走着就散了，这恰恰说明了这段关系从一开始就有瑕疵，新的界限不过是放大了这些问题，并不是导致分手的真正原因。在成长的道路上，我们注定会失去一些朋友。

友谊中常见的界限问题

被迫充当情感导师

曾经有一个朋友非常执着于跟我分享她的感情问题。我好心提醒她别把感情的事全部告诉我，因为这样做只会让我对她的男友越来越反感。起初，她并没有听懂我的意思。后来，在我坚持不懈的引导下，她终于明白了。

由此可见，界限并没有破坏我们的友谊。相反，如果我当初继续当她的听众，把对她男友的真实看法反馈给她，我们的关系肯定会受到影响。这样的结果对我们俩都不好。

谁说好朋友就一定要充当彼此的恋爱专家？听朋友发牢骚，分享自己的经历，甚至是出手相助，这些事你愿意做就做，要是感觉不舒服，也可以换一种方式对朋友表示支持。

被迫充当“提款机”

“朋友老是向我借钱，我该怎么办？”

遇到这种情况时，我们可以这样设定界限：

- 事先跟朋友声明："如果你能保证在……之前把钱还给我，我就借给你。无论什么原因导致你无法按时还钱，都要至少提前一天告诉我。"
- "我不能再借钱给你了。"
- "我给不了你……但是可以为你提供……"

要记住，一旦你轻易地把钱和东西借出去，别人就会不断地来向你借。如果不想继续充当朋友的"提款机"，就要立即停止这种行为。

主动向朋友提供意见和反馈

"我实在不喜欢朋友的老婆。我该怎么办？"

遇到这种情况时，我们可以这样设定界限：

- 学会和平共处。就算你再不喜欢，朋友也不见得会因此而离开自己的老婆。实话实说反而会产生不必要的隔阂，因为这本来就不是朋友应该插手的问题。

"苦口婆心"的朋友

"我朋友总是和同一类型的人交往。我几次三番劝她和不同类型的人来往，她就是不听。"

遇到这种情况时，我们可以这样设定界限：

- 既然朋友不采纳你的想法，就不要再重复提醒
- 既然对方不重视你的意见，就别再白费口舌
- 放手让朋友去经历错误并从中吸取教训

被动接受朋友的意见

“朋友总是对我的生活指手画脚，我该如何阻止他们？”

遇到这种情况时，我们可以这样设定界限：

- 尽量减少或不再与朋友分享自己的生活，他们知道得越少，就越无从下手。
- 对朋友说：“你只需听我倾诉，不需要提供任何建议或反馈。”告诉对方你只想发泄一番，不需要他们对此发表意见。

“黏人”的朋友

“朋友总是要我陪她一起干这干那，简直太磨人了。”

遇到这种情况时，我们可以这样设定界限：

- 假如你无法长期坚持用某种方式支持你的朋友，就不要轻易开这个头
- 为你们的友谊制造健康的距离，不要天天腻在一起
- 判断自己喜欢和这位朋友一起做哪些事情，并且只陪

对方做你喜欢一起做的事

你只是朋友，不是心理医生

遗憾的是，人们总是期待朋友之间可以无话不谈。这种期待注定会让很多人失望，因为我们无法保证朋友能解答我们的所有问题，相反，他们只能根据个人经验给出一些肯定带有偏见的建议。

在某些情况下设身处地为朋友提供参考固然没错。但是，如果朋友在某个问题上钻牛角尖，怎么都走不出来，你能提供的最好的帮助就是介绍他们去找专业人士帮忙。

何时应该建议朋友去找专业的治疗师？

- 当朋友被某个问题困住了，翻来覆去地说这件事时
- 当朋友和你讨论先前没有解决的创伤时
- 当朋友的悲伤久久不能释怀时
- 当朋友威胁到自身或他人的安全时
- 当朋友出现抑郁、焦虑或其他心理问题的症状时
- 当朋友跟你谈论感情的问题，你觉得无计可施时

如何让朋友知道他们需要的不是你，而是真正专业的治疗师？

- 牢记自己的身份，你只是朋友，不是情感专家或心理

医生

- 帮朋友踏出关键性的第一步，比如为他们提供相关书籍，或提供专业治疗师和互助小组的联系方式
- 完成第一步之后，要和朋友界定好发牢骚的频率和内容
- 让朋友知道你已经为他们提供了力所能及的帮助
- 强调自己无法提供适合的帮助，从而鼓励朋友去寻求专业的帮助
- 询问朋友是否通过你提供的资源获得了帮助

你既不是朋友的治疗师，也不是他们的修理工或护士，无论朋友需要什么，涉及专业的问题还得交给专业人士去处理。

好朋友无须过度亲密

中学时我读过伊雅娜·范赞特（Iyanla Vanzant）写的一本书《低谷的价值》（*The Value in the Valley*）。在题为“身陷别人问题的低谷”这一章里，作者写道：“在这个世界上，我们谁也不欠谁。我们可以对他人负责，但绝对没有义务替别人承担生活的重担。”

这些话在中学时期就给了我一定的启发。直到上了大学，我开始学会如何从别人的问题中脱身，那感觉就像长期压在胸口的一块大石头被挪走了。

多年来，我始终坚信好朋友就要不分彼此，朋友的事就是我的事。事实上，朋友的事从来就不是你的事，这一点一定要分清。过度参与朋友的问题并不能证明你们的情谊有多深。相反，这只能说明你们的友谊缺乏健康的界限。

除了与朋友同甘共苦之外，我们还可以通过别的方法向朋友提供支持。其中最贴心的一种就是倾听，而最有效的一种就是放手让朋友自行解决问题。当我们发现自己满脑子都是别人的问题时，一定要提醒自己不要多管闲事。多关注自身的感受，了解自己为何会经常陷入别人的问题。过度亲密往往会干扰我们为朋友提供更现实的帮助与支持。为朋友担心和不停地瞎操心根本无济于事。

如何应对朋友长期的越界

正如我之前所说，朋友越界是因为得到了你的默许，除非你制止他们，否则这样的行为还会继续发生。我们控制不了别人的行为，但我们可以控制自己如何容忍或反抗别人的行为。

想要保持身心健康，你就必须：

- 远离那些不利于自己身心健康的人
- 尽量减少与身心不健康的人互动
- 宁可独来独往也不与身心不健康的人同行

- 坚决把时间花在有益的人和事上，不要怕得罪人
- 大胆尝试新方法，摆脱旧模式
- 尽快和新朋友界定彼此间的期待和要求
- 交一些身心健康的新朋友
- 界限不能只说一次（或轻易放弃）

有时，我们不得不因为对方拒绝接受我们的界限而结束一段不健康的关系。分手是痛苦的，尽管我们已经意识到这段关系的不健康或觉得对方不适合我们。我们常常感觉在一段关系里放不开手脚，原因就在于双方都太想使这段关系保持原样。说白了，这就是经历了成长与蜕变的我们已适应不了原有的相处模式的结果。

我们很难找准结束一段关系的最佳时机，因为根本就没有所谓的最佳时机，但至少可以避免选择糟糕的时机，比如在经历生离死别或人生的大起大落以后。完美的时机是等不来的，只能走一步看一步。

在结束一段不健康的关系之前，需要确定以下几件事：

- 你不再尝试修复一些不可修复的东西
- 你不想在同样的问题上和对方纠缠不清
- 你不想继续扮演某种你不认可的角色
- 你向对方提出需求之后只得到短暂的回应，并发现这些变化都是暂时的

- 你可以在没有这位朋友的情况下继续生活
- 你意识到这段关系的弊大于利
- 你承认这段关系正在影响你的身心健康

结束一段友谊通常有以下几种方式：

- 一方从另一方的生活里彻底消失，事先没有任何解释，从此不接对方的电话，也不理会对方的各种联系。如果可以就这么安静地离开，不发生任何正面冲突，这种消极的交流方式对有些人来说可能是最舒服的。
- 双方大吵一架，虽然不可能和好如初，却还在苟延残喘。基本上断了联系，只是偶尔还有一些互动。
- 两人渐行渐远，自然而然地不再联系对方。大部分人都喜欢以这种方式分手，因为这样省时省力又省心。双方友好地默认不再为这段关系花费任何时间与精力。
- 通过对话来表达内心的无可奈何，口头确认这段关系的结束。

朋友总是相互了解的。我们很清楚哪些朋友可以好聚好散而哪些不能。尽量选择对双方都合适的方式来为这段关系画上句号。

练习

在一张纸上完成以下练习：

① 请描述你对健康友谊的看法。

② 请说出你和哪些人的友谊是健康的。

③ 请列出你不健康的友谊，并判断导致其不健康的原因。

④ 请选择如何改善这些友谊。

第 13 章
工作篇：看起来越忙，需要处理的工作越多

珍妮热爱自己的工作，但她对目前的工作环境很不满意。同事萨米每天都要过来找她聊办公室里其他同事的八卦。珍妮对此十分反感，但有时也不得不同她聊两句，以免让人觉得自己没礼貌。

除此之外，萨米还邀请珍妮下班后一起去喝两杯。珍妮不想去，只好找借口推托，比如"今晚不行，我下班后有安排了"。

由于珍妮从未明确地表示自己不想去，所以萨米仍旧一下班就约她。另外，她看珍妮似乎对八卦感兴趣，于是每天都过来找她闲聊。

珍妮其实很怕见到萨米，因为萨米一来她就无法专心工作，有时白天完不成的工作，下班后还得带回家去做。但是为了不得罪同事，她一句话也不敢说。除了应付萨米，珍妮还经常帮同事们完成他们的工作，不时还要从老板那里接手额外的

项目。如此大的工作强度，外加同事无聊的八卦，这一切让珍妮觉得自己的工作环境十分恶劣。

面对这些问题，珍妮觉得无计可施，只能考虑辞去这份干了十二年的工作另谋出路。

在你决定辞去一份工作或结束一段关系之前，不妨先思考以下几个重要问题：

- “我为这份工作或这段关系设过界限吗？”
- “事情发展到这一步，我要承担什么责任？”
- “我可以做些什么来改善这种状况？”

珍妮没有着力于在现有的工作中划定自己的界限，而是想重新找一份工作来缓解自己的压力。单凭这种想法就能断定她一定会把不健康的界限带到任何一份工作当中。其实，她需要改变的不是工作，而是那个在职场中的自己。

关于工作的界限

在生活中，我们不要妄想自己的需求会奇迹般地得到满足；在工作中，我们同样不能幻想自己的境遇会奇迹般地得到改善。如果不学会设定界限，再换工作也无济于事。珍妮不管换什么工作都要先解决界限的问题，否则的话，无论她去哪里都会遇到类似的甚至更严重的界限问题。

珍妮一直强调自己必须被所有人而不仅仅是某些人喜欢。

她可以不惜牺牲自己的需求去赢得别人的好感，就算要她虚情假意地逢场作戏，她也毫无怨言。为了讨好所有人，她从来都不敢设定任何界限。

她担心警告别人“离我的办公桌远一点儿”或者对同事说“我再也不帮你了”会显得自己太咄咄逼人。没错，用这种强硬的方式设定界限的确令人难以接受。但其实，她可以尝试用坚定而不强硬的方式来表达，例如：

- “我们还是午饭时间再聊吧。我手头有几个项目需要尽快完成。”
- “我自己的事情都忙不过来，就不帮你完成你的项目了。”

我一边和珍妮聊天，一边帮她回顾和梳理了工作中所有令她沮丧和怨恨的事情，最终总结出以下几条界限：

- 拒绝同事的求助
- 不再聊同事的八卦
- 听到八卦时要明确表示不感兴趣
- 拒绝下班后的聚会（如果她真的不想参加）
- 接受上司的新任务时要考虑实际工作量，可以找同事配合

通过以上谈话，珍妮开始意识到问题不在于自己的工作环境有多恶劣，而在于自己一直没有设定适当的界限。

日常工作中的界限问题

《办公室》（*The Office*）是我最喜欢的电视剧之一。这部剧开播时我正在读研究生，刚刚开始了解界限这一概念。

剧中的迈克尔·斯科特是一家小型纸业公司的地区经理。他极度以自我为中心，种种不恰当行为常常引来同事们的侧目，于是他们想方设法告诫他在工作场合要注意自己的言行。但他从不考虑别人的需要，也从未察觉自己的行为对别人造成的影响。

我尤其喜欢第一季中《多样性日》（Diversity Day）的那一集。公司的人事主管在迈克尔所在的部门举办了一场培训，目的是教迈克尔正确的职场礼仪。培训过程中，迈克尔将自己的性格展现得淋漓尽致。他不仅企图越权操控整场培训，还不恰当地模仿了一段以讽刺政治和种族歧视见长的克里斯·洛克（Chris Rock）的脱口秀，并且发明了一款关于种族术语、黑人历史人物和宗教信仰的猜词游戏。剧中最搞笑的部分就是迈克尔竟然对自己表现出来的冒犯和人身攻击毫不自知。他完全不知道自己越界了。越界的人往往不知道自己对他人造成的影响，这不就是界限问题最典型的体现吗？

职场的界限问题通常表现为：

- 替别人完成工作
- 被问及个人问题
- 承担超出自己能力范围的工作
- 没有合理地分配任务
- 在工作时间调情
- 做无薪的工作
- 没有好好利用假期
- 接受自己无法完成的任务
- 参与有压力的互动
- 在非工作时间工作
- 一人承担多人的工作
- 没有获得足够的假期

诚然，关于越界，有些人可能是明知故犯，但大多数人的行为是无意识的。界限不属于生活常识，它必须通过一定的方式才能让对方知道。在职场中，界限是通过人力资源部门、企业文化以及各级领导向员工传达并落实的。一个人如果害怕丢饭碗，就很难在工作中坚持自己的界限。

2017年，几位知名女性纷纷站出来指控媒体巨头哈维·韦恩斯坦的性侵。据称，受过他侵害的女性至少有80名，她们多年来一直保持沉默，原因就在于担心自己在好莱坞的职业生涯会受阻。他能够在职场实施这样的潜规则（甚至否认关于自己的所有指控），靠的就是自己的权力和影响力。

《纽约时报》上刊登过一篇报道《哈维·韦恩斯坦终于偿还了自己数十年性骚扰的风流债》。文章称，30 年来，他创造了一种极其恶劣的工作环境，利用工作之便对女性进行骚扰、攻击和欺凌。这些行为之所以长期存在，是因为业内早已默认了这种潜规则，而他正是业内公认的“老恐龙”（资历最老的人）之一。

假如你的界限遭到职场潜规则的侵犯，这并不表示这些界限无关紧要，而是说明你需要让公司的其他人知道这些界限，寻求一些外部支援，或者获取法律方面的建议。要坚决抵制那些有害的职场潜规则，不必担心自己的工作会因此而岌岌可危。

如何应对恶劣的工作环境

恶劣的工作环境对于一个人的情绪和精神状态都十分危险。如果工作环境糟糕到一定的程度，甚至会影响到一个人处理家庭事务或人际关系的能力。

恶劣的工作环境可能包含以下特征：

- 工作时间过长
- 同事常聚集闲聊
- 无偿完成额外的工作

- 同事间形成小团体
- 在有限的时间内超负荷工作
- 同级或上下级之间存在消极沟通
- 上司很自恋
- 遭受欺凌
- 遭受性骚扰
- 因种族、身材或性取向而遭受歧视

恶劣的工作环境缺乏健康的界限。但是，在认定情况无法改善之前，还是有必要设定并坚持执行一些界限，看看这些界限能否长期有效地改善原有的工作环境。

不要与恶劣的环境同流合污，这一点格外重要。如果你正身处恶劣的工作环境，不妨试试以下做法：

- 权衡一下哪种界限最有帮助
- 找出恶劣环境中的健康人群
- 认真记录所有问题发生的日期和时间
- 如果上司问你与工作无关的问题，可以找他沟通
- 在会议上向上级和同事说出你的需求
- 向人事部门反映你们的办公室文化
- 依靠外界的帮忙来处理与工作有关的压力，例如与治疗师谈话

职业倦怠以及它对工作与生活所造成的影响

职业倦怠是不健康界限导致的必然反应，许多客户都跟我反映过难以平衡工作与生活的问题。十四年来，我见过太多人不按时下班、一人承担两人的工作、晚上和周末加班、假期不休息以及主动承担完成不了的项目，拼死拼活地只为证明自己是个好员工。

我告诫过他们："你看起来越忙，需要你处理的工作就会越多。"

关于我的工作，我听到过最多的一句话就是："一天到晚都在听别人的烦心事，你一定累坏了吧。"而我总是对他们，尤其是我的同行们说："我干这份工作一点儿也不累。"他们都觉得难以置信。其实一点儿也不奇怪，一个成天把健康界限挂在嘴边的人，自然有她对付界限问题的妙招。

以下就是我用来防止职业倦怠的小妙招：

- 我规定自己每周只接待 15~20 位客户。
- 我每周只用三天接待客户，其余两天用来写作或做其他工作。
- 我只帮客户处理自己专业领域内的问题，比如人际关系问题。
- 在接受新客户之前，我会先和他们谈谈，看看我们是否能积极地互相配合。

- 我会和客户分享关于非工作时间要如何联系我的界限。
- 在会见客户的那几天，我会有意识地分配好自己的精力，比如避免在工作之外进行可能会过度消耗精神和体力的谈话。
- 每天在见第一位客户之前，我会花几分钟安静地思考一天的安排，为一天的工作定下基调。
- 我十分认同把工作和生活分开，所以我不会在工作之余为任何人提供咨询。
- 我会找其他治疗师来处理自己生活中出现的问题。
- 我一年会安排好几次度假。

除此之外，还有一些其他方法可以避免职业倦怠：

- 假期时间宝贵，一天都不能浪费。假期绝对是你放松和恢复体力的好机会。如果有机会享受带薪的假期，就好好利用。如果工作不提供假期，就自己攒几天假（如果条件允许的话），出去放松一下。想要恢复体力，最有效的办法就是远离工作。
- 工作之余可定期参加一项与工作无关的活动或培养一个爱好。
- 午休时间必须离开自己的办公桌。如果不得不坐在办公桌前，也要保证不一边吃饭一边工作。好好利用这段时间来冥想、看一集电视剧、散散步或者和同事边吃边聊一些与工作无关的事情。

- 上班前或下班后要优先安排自己的事情。在开始一天的工作之前，先花几分钟做一些放松的练习，比如冥想、读一些令人振奋的文字、看一些鼓舞人心的视频。无论是上班前或下班后，还是一天的工作时间里，都应该让自己休息片刻，这样做有助于集中注意力和降低血压，使身体的各方面达到平衡。

如何在工作中设定界限？

- 可以通过倾听自己内心的感受来确定需要在哪些方面设定界限。比如，是什么原因使你加班到越来越晚？这份工作有哪些地方让你觉得应付不来或身心俱疲？我大学毕业后的第一份工作是担任未成年人缓刑监督官兼案件管理员。社会工作者的职业倦怠率出了名的高，我的工作也不例外。每天除了处理大量案件和应对各种危机，还要满足上司和工作对象的高要求。在这样的环境里工作，没有界限是绝对不行的。了解到这份工作的不确定性，我决定提前完成所有可完成的任务，比如制订处理方案和拟好法庭报告。这样做的好处就是，即使遇到突发状况，我也不用担心这些重要的工作被耽搁。我受够了每天被杂乱无章的工作搞得晕头转向，于是学会了做事井井有条。多亏了这些界限，当时还在上全日制研究生的我才能既不耽误白天的工作，又不影响晚上回学校上课或参加实习。

- 尽量只在工作场所或工作时间内工作。
- 允许自己在工作中设定界限，工作和设限并不冲突，隐瞒自己的需求只会让你对同事和上司产生怨恨情绪。
- 不要等到问题严重了才决定要设定界限，未雨绸缪总好过亡羊补牢。
- 只有坚决贯彻自己的界限，才有资格教别人尊重你的界限。既然决定要表明自己的期望，那么晚说不如早说，而且要清楚无误地说。

在工作中设定界限时，我们可以这样说：

- “我无法再承接任何额外的项目了。”
- “我下午 6 点前必须结束工作。”
- “我假期一律不看工作邮件。”
- “我的工作量太大了，需要更多的协助。”
- “工作时间不要和我谈私事，这样会让我很不舒服。”
- “想找我聊天的话就一起吃午餐吧，那样我才能专心地陪你聊。”
- “谢谢你邀请我这周末一起出去玩儿，但是我真的去不了。”
- “我下班后一般不喝酒，不如一起去练瑜伽吧。”
- “下班后我就没空帮你了，因为那是我的家庭时间。”
- “这个项目我实在无法帮你，因为我已经在帮某某完成他们的项目了。”（因为事关工作，所以可以适当说明你拒绝的理由。)

关于工作的界限一般包括：

- 尽量不要在办公室里吃午餐，实在不得已，也要保证不一边吃一边工作。
- 果断结束和同事的聊天，以便自己能专心工作。
- 准时上下班。
- 尽量不在工作时间给亲友发消息或打电话，因为这样的交流会使你分心，影响你按时完成工作。
- 午休时间小睡片刻，研究表明，小睡可以提高意志力和注意力。
- 关起门来办公以减少干扰。
- 尽量不把工作带回家。

如何设定非工作时间的工作界限?

- 尽量休完所有的假期。
- 周末一律不处理工作邮件。
- 周末不回办公室加班赶进度。
- 休假时绝不处理工作上的事，除非遇到紧急情况。事先做好预案，休假前尽量把工作移交出去。
- 参加一些与工作无关的休闲活动。
- 如果你从事的工作压力很大，就要限定好如何与他人谈论这项工作，除非对方是你的心理医生。翻来覆去地思考那些烦心事不利于改善你的心情。

- 不要免费为朋友和家人提供专业上的服务。假如你是一名会计，最好推荐你的朋友和家人去找其他会计师处理他们的业务。
- 利用邮箱的“假期自动回复”功能和手机上的“语音自动回复”功能，在收到邮件或电话时自动告知对方自己在休假。尽量把来电转给其他人，这样假期结束后就可以少处理一些问题。
- 要知人善任。总裁日理万机，接电话的事就该交给别人去做。外科医生也用不着亲自动手做术前准备。
- 根据任务的紧急程度和截止日期来决定优先处理的顺序。对待工作任务要分清孰轻孰重，不能一概而论。
- 尽量不做让自己分心的事情，比如和同事聊天。
- 需要时可以请求支援。
- 工作量太大时一定要让老板知道。

创业者需要设定的界限：

- 非必要不打折。
- 可以使用打折作为促销手段，但切勿滥用。
- 不要不停地工作。要劳逸结合，注意休息。同为创业者，我当然了解其中的艰辛。但不要忘了，现在你就是老板，工作做多做少完全由你说了算。
- 避免使用“再接再厉”“埋头苦干”“忙完再说”之类

的措辞来暗示自己不停地工作。

如何向上司表达自己的界限

他人往往会根据自己的主观需求来认定你的个人能力，比如你在他心目中的角色定位、你所在公司的需求，有时甚至是你的上司对他自己个人能力的认知。举个例子，假如你的上司经常在晚上和假期里加班，他就会对你抱有同样的期待，稍稍做不到就会引起他的不悦。

在这种情况下，你就要坚决倡导合理的期待，抵制上司缺乏界限的无理要求。你当然不能指着上司的鼻子说："你蛮不讲理，因为你的界限很不健康。"但是，你可以这么说："我必须利用非工作时间来恢复体力，这样工作的时候才能全力以赴。所以我想尽量严格按照上下班时间来工作。"

向上司表达你的需求时，一定要使用"我"作为主语。要强调对话的主角是你而不是他们。

错误的表达：

"你每次都明知道我已经忙不过来了，还把任务强加给我。"

这样的表达会令你的上司觉得自己受到下属的谴责，从而更不可能考虑你的要求。

正确的表达：

“我向来都在规定的期限内完成工作。你每安排一项任务给我，我都会先确认这项任务的轻重缓急。但是，如果任务实在紧急，请一定告诉我。”

如果上司不认可这些健康的界限，就找其他人来评评理。比如，在上司这里碰了壁，就可以向人事部门反映这个问题。

拒绝社交活动的邀请和工作时间以外的联系

大部分人每周花在工作上的时间是30~40个小时。这么长的时间足够让我们在工作场合中建立一些健康的关系，并渐渐发展成友谊。但是，如果你下班后不想出去玩，或者不想和同事或老板一起吃午饭，情况又会怎样呢？

类似这样的界限包括：

- 下班后不跟某些同事出去消遣。
- 不主动帮上司处理个人事务。
- 允许同事在社交媒体上关注你，但限制他们可浏览的内容。
- 不喜欢某位同事发的内容，可以在社交媒体上屏蔽他。
- 不跟同事分享自己的社交平台账号。

常用来拒绝邀请的表达：

- “感谢你邀请我参加你的节日聚会，但是我去不了。”
- “感谢你邀请我共进午餐，但中午我想一个人待会儿。”
- “下班后我哪儿也不想去，就想回家放松一下。”
- “我们交换电话号码如何？就不交换社交平台账号了吧。”
- “我就是个宅男，对这些不感兴趣。”

克服对完美的恐惧

世界上根本不存在完美的员工。每个人都有自己的道德底线，这并不妨碍你成为一名优秀的员工、同事或创业者。无论做什么工作，你都会遇到这样一个人，他的界限中至少有一条是被所有人尊重的。这个时候你不妨学一学他是如何做到的。

如果碰巧遇到界限感很差的老板或上司，不必一再容忍，而要明确地表达自己的想法。一旦界限受到了挑战，就要马上提出反抗。

的确，设定界限有时会惹别人不高兴。关于这个问题你不妨这么看：我们每天花大量的时间在工作上，这些时间对每个人来说都是宝贵的。因此，只有确保在花最多时间的地方感到舒适才能保证我们的健康。这么做无可厚非。

练习

在一张纸上完成以下练习：

① 哪条界限是你在任何一个工作场合都可以执行的？

② 你的工作日程是如何安排的？

③ 你愿意在工作时间以外的什么时间工作？

④ 根据你对上司的了解，你认为对上司设定界限的最佳方法是什么？

⑤ 你需要对同事设定界限吗？

⑥ 你认为在工作中设定界限会给你带来哪些好处？

第 14 章

技术篇：做一个局外人，其实有很多好处

戴维的女朋友莱茜简直离不开手机，她到哪儿都带着手机，上厕所也不例外，经常在洗手间一待就是一个小时。每次戴维忍不住问她在里面干什么，她都大声地喊道："在上厕所呀，还能干什么！"

戴维明显感觉到莱茜的手机已经成了他俩沟通的一大障碍。他俩都还在上学，平时在一起的时间非常有限。自从莱茜迷上了手里的那台小玩意儿，两人相处的时间就更少了。即使是和一群朋友出去玩，莱茜也在不停地刷手机。

在和我谈话的过程中，戴维说自己和莱茜的关系已成了他的一块心病。他爱莱茜，却看不惯莱茜那副只顾玩手机而没空理他的样子。然而，他俩至今没有直接交流过这个问题。戴维认为莱茜应该知道自己错在哪里，但正如我们前文所说的，莱茜很可能根本不知道自己错在哪里。

我和戴维探讨了几种直接解决这一问题的办法。其中最

好的一种就是先从生活中的小事入手，比如戴维可以对她说“看这部电影的时候最好不要看手机了”或者“把手机放下，我们才好手牵手”。戴维万万没想到，他一提出这些要求，莱茜立即照做了。

莱茜很可能完全没意识到自己爱玩手机这件事已经影响到和戴维的关系。她认为自己不过是在无所事事的时候用手机来分散一下注意力。

人们经常抱怨技术妨碍了他们的人际关系。在这一章里，“技术”一词指代的就是我们使用网络社交媒体、看视频或玩游戏这件事。

应该说技术本身并没有错，是人们对它的滥用使它背上了这个黑锅。这里的滥用指的是过度使用或不恰当地使用，同时也包括利用技术来逃避现实或分散注意力。当我们感觉不舒服或不开心的时候，手里的这台设备就成了最好的放松神器。

我是从 2017 年开始有意识地在社交平台上发布一些关于心理和情绪健康的内容，主要是强调心理治疗的好处，同时也帮忙解决一些人际关系方面的问题。2019 年 1~7 月，我的社交媒体粉丝数从 2 000 迅速增长到了 10 万。关于这波突如其来的人气，最奇怪的是我在 2017 年之前几乎不怎么使用社交平台，无论是私人的东西还是跟专业有关的东西，我都很少在网上分享。

多年来，我一直很享受“错失的快乐”。做一个局外人，其实有很多好处。其一，可以听到朋友跟我转述他们如何解读在社交媒体上看到的消息。不同的人有不同的解读，比自己看一手的消息要有趣得多。其二，可以避免得罪朋友、同事和家人。因为我几乎不用社交媒体，也就无所谓关注或不关注谁的账号了。即使是现在，作为一个经常上网的人，我也还是会根据自己的需求使用社交媒体。比如，我计划存钱的时候就绝不关注那些时尚达人的账号，因为关注后会忍不住想购物；我对素食感兴趣的时候就会关注几个这方面的账号。

我从不怎么使用社交媒体到成为一名网络红人，也经历了一段从不适应到适应的过程。在许多方面我都很享受这个过程，但有时也能深深体会到它的不容易。比如，要严格做好时间管理、应对网络上的负面评论，以及处理工作团队和粉丝们对我的期望。

我在社交媒体上发帖时通常会这样提醒自己：

- 总有一些人的标准是你满足不了的
- 当人们认为你不会回应时，就会更加肆无忌惮
- 有些人就是爱抬杠
- 一旦开始回应他们，你就等于加入了这场争论
- 人们对你的评价是他们的主观判断，跟你没有任何关系
- 你无法让所有人满意，因为每个人的需求是不同的
- 一遍又一遍地解释并不能保证对方就一定能明白
- 实在不行就屏蔽对方的消息和评论

- 你有责任保护好自己的能量
- 有些人会认为他们有权支配你的时间，他们想错了，你才是自己时间的支配者

生活在互联网时代，网络技术已成为我们工作生活的重要组成部分。即使周围全是电子设备，我们也能创造出属于自己的健康生活方式。

以下迹象表明你需要设定使用电子设备的界限：

- 你发现自己不停地看手机，根本无法专心做其他事情
- 你把太多时间花在了手机上（普通人每天使用手机的时间约为 3 小时）
- 你在社交场合也总是盯着手机看，不主动跟人聊天互动
- 你经常把看手机作为逃避工作、逃避孩子、逃避完成任务或逃避陪伴他人的方式
- 身边的人开始抱怨你一天到晚看手机
- 你一边开车一边使用手机
- 你对电子设备的依赖影响了你在学校、公司或家里的正常生活
- 使用电子设备已经伤害到你的精神或情绪的健康

如何解决互联网时代信息过载的问题

在为客户提供治疗的时候，我经常听他们列举社交媒体的种种弊端，比如感觉被冷落、无止境地攀比、伪装得太累了等。我不仅担心自己也会深陷其中，还担心自己是否也有意无意地让别人产生了不满足和忌妒的心态。但是经验告诉我，你永远无法控制别人对你分享的东西做出何种反应。

作为一名治疗师，我发布每一个帖子都是有目的的，而且会事先琢磨帖子发出去之后的反响。然而，总有一些人在阅读的时候会故意曲解我的意思。并且，我发现他们的解读往往与我的表达无关，反而与他们自己的生活息息相关。

往大了说，我们在网络上的各种消耗还是可控的。当遇到不喜欢看的东西时，我们完全可以选择是否继续观看。如果放弃这样的选择权，继续关注那些会困扰我们的事物，就等于同意继续被打扰。

如何应对铺天盖地的负面新闻

你关注了哪些社交媒体、看过哪些视频，以及经常浏览哪些网站，这些统统都在影响你成为一个什么样的人。我们有权选择如何获取和使用网络信息，每当有重大的事情发生，你都可以选择切断这些信息的来源，以避免无端地消耗自己的情绪和能量。如果接收这些信息会影响理智和判断力，就更要在短时间内尽量不使用网络和电子设备。

如何设定接收负面新闻的界限？

- 关闭手机上的新闻消息提醒
- 在一天中指定一个特定的时间，有目的地收看或收听新闻
- 取消关注那些不断发布负面消息、影响你情绪的个人媒体账号
- 善意地提醒别人你不想听到某一类新闻
- 当有重大事件发生时，不妨暂时远离网络、电视和社交媒体
- 关闭新闻频道，打开你喜欢的视频网站看点儿新的电视剧

每个人都有消息滞后的时候，不要太为难自己。并不是所有的模因（也就是俗称的“梗”）你都要懂，也不是所有的八卦和热点你都要说得上来。远离网络和社交媒体或许会让你错过一些重要的消息，但同时也让你更有时间去享受生命中的其他事物。先平复自己的心情，待那些负面消息平息了之后，再考虑是否重新进入这个信息的世界。

关注朋友、家人以及工作关系的媒体账号

在社交媒体上关注别人已然成为一种很好的保持联系的方式。如今，人们交换的联系方式通常是社交媒体账号，而不再是电话号码。但是，一旦你开始关注对方的账号，就要一直

保持关注，很难取消。关注的人越多，就越了解他们的为人以及他们想要如何展示自己。如果你恰巧喜欢对方所展示的东西，就尽量让对方知道你有多喜欢。但是，当你发现你最喜欢的同事和她男友的关系极其混乱，她发布的又全是你不想了解的内容时，事情就会变得很尴尬。对于这些在生活中低头不见抬头见的人，我们的确很难取消对他们的关注。

常见问题：

- “我讨厌关注我朋友的社交媒体账号，因为她太做作了，发布的东西和本人完全不符。”
- “我姐姐发布的全是她孩子的照片。”
- “我很烦看到上司发那些政治评论，又不敢对他取消关注。”

解决办法：

任何人都可以在网上自立人设，这一点你无权干涉，但你可以决定自己是否要关注他们。如果对某人取消关注会让你觉得不舒服，条件允许的话可以关闭他们的消息通知或屏蔽他们的媒体账号内容。

如何对认识的人设定社交媒体界限？

- 注册一个别人很难查找和关注的私人账号
- 如果不好意思对某人取消关注或拉黑，就暂时保持关

注，但屏蔽他们发布的内容

- 和别人交换联系方式时只提供电话号码，不提供社交媒体账号
- 只关注自己真正喜欢的账号

作为一个活跃的社交媒体使用者，我针对自己的账号列了一些界限，并将它们长期置顶在我的社交软件首页上。我并不建议人人都像我这样做。但是，如果你的账号是用作专业上的交流，或者你是一个网络红人，又或者你每天收到大量的网友来信，那么不妨考虑像我这样为自己设定一些界限。公开你的界限就等于在指导网友们如何有效地与你互动。

我的社交媒体使用守则：

- 作为一名职业心理治疗师，我坚决不通过私信向网友提供心理治疗，也不提供关于人生重大决定的建议，“我该不该甩掉我的男朋友”这类问题应该由你们自己来回答，我也无权肯定或否定你们所做的决定。
- 我很喜欢创作。对于网友要求我发布某些类型的帖子，我也心存感激。然而，我只能根据自己的灵感和我的专业，以及我所在社群的需求进行创作。
- 很多人请求我帮忙介绍或推荐心理治疗师，可并不是全世界的治疗师我都认识。建议大家通过网上搜索，或通过朋友推荐、员工帮助计划和社区服务中心，在

你所在的区域寻找一位合适的治疗师。

- 可以自由转发我发表的东西，但转发时一定要带上我的账号或姓名。
- 有些网友喜欢吹毛求疵或恶意贬低他人，必要的时候，我会删除这类评论或拉黑他们，以尊重我自己和所有关注我账号的人。
- 我的线下客户都可以关注我的账号，但是出于职业道德，我不能在线上跟你们有过多的互动（互相关注账号或在私信里回答你们的问题）。
- 如果有问题想咨询，请通过每周一的答疑环节向我提问。
- 别忘了我也是人，不是机器，不可能回复每一条评论和私信，但我会尽我所能地多与你们互动。
- 如果你正在经历某种心理危机，请及时报警，或者向附近的心理治疗师求助。

即使设定了如此清晰的界限，还是会有人想要试探我的底线。面对各种试探，我所能做的就是坚决执行自己所列的每一条界限。

在使用网络技术时经常出现的界限问题

花太多时间看视频

如今我们随时随地都能看视频：在家里可以看电视，外出时在平板电脑或手机上也可以看。我个人比较喜欢在平板电脑上看视频，因为它轻便易携带。但是，当看视频使你无法专心地完成手头的工作，或阻碍你做生活中其他方面的事情时，它就成了一个你必须克服的大问题。

打个比方，如果你连续好几个晚上熬夜看视频，第二天一定会睡眠不足、精神萎靡。

过度使用社交媒体

2015 年《华盛顿邮报》的一篇报道显示，社交媒体的全球用户数已高达 37.25 亿，这几乎占了世界总人口数的一半。一个成年人平均每天使用社交媒体的时间约为 142 分钟，青少年则要花大约 9 小时在这上面。你每天使用社交媒体的时间是多长呢？将近 3 个小时已然不是个小数目，如果再加上大部分人在等人或排队时浏览网页打发掉的时间，这个数字就更为惊人了。当然，这些时间也只有在你本该用来做其他事情的时候才显得是一种浪费，否则它作为一种消遣也无可厚非。

比如，你早上 8 点必须到公司，你 7 点醒来，明知道从家里到公司要花至少 15 分钟，你还赖在床上看了 45 分钟手机。结果可想而知，你迟到了。正是看手机的行为使得你无法履行按时上班的义务。

作为一名治疗师，我当然知道所谓适度不是谁说了算的，而是要取决于生活中的各方面因素。如果你是年轻的父母，家中有需要照顾的幼儿，你就不太可能每天花 5 个小时在社交媒体上。相反，对于没有孩子的单身人士来说，周六花 5 个小时玩手机却几乎不会对生活的其他方面造成任何影响。然而我比较好奇的是，这些时间如果不是用来上网，你会用来做什么？或者，你一般上网都有何收获？又或者，你花这些时间上网的意义何在？归根结底，在探讨一个人如何使用社交媒体的同时也要探究他使用这些媒体的原因。

尼尔·埃亚尔（Nir Eyal）在他的著作《专心致志：如何控制自己的注意力并选择自己的人生》（*Indistractable*：*How to Control Your Attention and Choose Your Life*）中提到了一种观点，他认为社交媒体和电子设备本身并没有问题，问题就出在人们对这些技术的错误使用上。而比起探讨如何使用这些技术，更重要的是探究其背后的原因。比如，你是有意要这样使用，还是控制不住自己呢？这么做是否对你造成了困扰？

针对网络技术可以考虑设定的界限

如果你一起床就离不开手机

睡觉时别把手机放在床边。睡前记得把手机放到一个离床较远的地方，比如房间的另一头。

或者干脆把它放在另一个房间里。想一想除了看手机之外，一觉醒来还可以做些什么。比如刷牙洗脸、写日记、拥抱自己的伴侣或伸展一下四肢。总之什么都可以做，就是不要看手机。

如果你经常看手机

把手机放在自己够不着的地方，或者把它放在另一个房间里充电。训练自己每天关机几个小时。制订一份使用社交媒体的时间表，并严格规定禁止使用社交媒体的时间段。

如果你过度使用社交媒体

记录自己的使用时间。在苹果手机上可以设置使用社交媒体的时限。一旦到达那个时限，你的所有社交媒体软件就会被自动退出，或者跳出一条提示消息要你确认是否忽视这个时间限制。有些软件还自带提醒功能，告诫你已经使用了多长时间。既然下决心为自己设定界限，就一定要坚决执行到底。

如果你的自尊心和自我价值感受到了打击，甚至产生了忌妒或怨恨

我在社交媒体上发起过一则投票，其中 33% 的参与者表示，即使不喜欢别人在社交媒体上发布的内容，也很难对这些人取消关注。

要谨慎选择关注哪些账号以及关注的原因。假如身边的朋友都关注了某个知名网络红人，可是这个账号的内容偏偏会让你心生忌妒，甚至自怨自艾，此时正确的选择就是不跟风。一旦发现哪些账号的内容干扰了你的情绪，就要第一时间取消关注、屏蔽或关闭消息通知，然后进行自我修复，等这些不良反应完全消除并做好心理建设了再去重新关注那些账号。

成年人过度依赖电子设备

我有一位朋友，她的小儿子曾问她：“妈妈你是不是更爱手机不爱我呀？”她听完心里很不好受。孩子被冷落了，自然也很伤心。如今的手机就是一台掌上电脑，我们可以用它来看视频、购物、社交等，简直无所不能。但是，如此强大的功能换来的又是什么呢？

孩子想跟你分享一天的见闻，而你在用手机购物；和生活中的朋友共进晚餐时，你却在手机上和网友聊天。种种不合理的现象表明，必须制定一些规范来限制智能设备的使用。

建议参考以下几个问题来设定界限：

- 哪些时候不宜使用手机？
- 与现实生活中的朋友在一起时应该如何表现？
- 是否可以不让别人随时都能通过电话找到你？

孩子使用电子设备

孩子不可避免地要接触各种设备，大人的职责就是为他们界定好哪些设备可以使用以及如何正确地使用这些设备。

这类界限包括：

- 吃饭时间不得使用任何设备
- 做作业的时候不得使用任何设备，除非是作业要求
- 每晚和周末的某个时间点之后不得使用任何设备
- 使用设备的间歇要进行适量的运动
- 使用带有家长控制功能的应用程序
- 监控孩子的社交媒体使用情况
- 不在孩子的房间里安装电视机
- 合理使用电子设备，为孩子树立榜样
- 陪孩子一起观看设备上的内容，必要时提供讲解
- 教孩子区分正确的用法和不恰当的用法

错失恐惧症

首先，这是一种真实存在的病症。有些人为了不错过新闻，不脱离人群和流行文化，不惜花费大量的时间来获取最新的资讯以保持自己局内人的身份。局内人可不是那么好当的，既要花钱，又要费时费力。尤其在当下这种信息轰炸的时代，

社交媒体无时无刻不在向你发送各种图文信息和音视频，毫不吝啬地向你展示别人的生活有多精彩。不幸的是，人们都只顾感叹自己与别人的差距，却很少有人想到这一张张完美的照片是如何被制作出来的。

社交媒体以前所未有的方式使你有机会关注别人和被别人关注。而最糟糕的是，在关注朋友、前任和工作伙伴的同时，你会不自觉地发现自己正沦为他们精彩人生的旁观者。这种被忽略的感觉最终会发展成质疑自己以及自己在别人生活中的重要性。如果你也有错失恐惧症，首先要考虑自己关注了哪些媒体账号。如果关注的是一些自己不认识的人，就要想一想这些账号对你心理健康的影响。如果是一些你认识的人，就不要自尊心作祟，大方地告诉他们你想加入他们的活动，或者主动向他们发出邀请。同时也要明白，他们可以拥有不同的社交圈，这并不影响他们和你的关系。

不恰当的网络社交引发的不忠行为

世界上有将近一半的人正在使用社交媒体，其中就包括你的心动对象、你的前任，以及许许多多将来你可能会认识的人。这一技术对单身人士来说当然是一大便利，但对于已婚或正在恋爱的人来说很可能成为一个陷阱。如果不和伴侣沟通好这方面的界限，就很容易不知不觉地越过对方的底线。

伴侣们在设定界限之前不妨先回答以下问题：

- 能否接受对方关注前任或曾经有过性关系的人的账号？
- 应该如何回应别人发来的暧昧私信？
- 双方在社交媒体上要互为好友或互相关注吗？
- 双方对于在社交媒体上发布对方的照片有何要求？
- 是否允许对方在网上或社交媒体上谈论情感问题？
- 关于能否点赞那些带有性暗示的照片，你持什么样的态度？
- 是否有不希望伴侣关注的个人账号？

及时交流彼此的界限可以有效地防止那些可能威胁到你们关系的常见问题产生。

减少信息过载的策略

净化社交媒体空间时，有两种方法可以清除或减少网络信息。

方法 1：严格控制自己使用社交媒体的时间。为了更好地实现这一效果，可以把手机上的社交媒体软件删除掉一段时间，以此来增加自己查看信息的难度。

方法 2：降低参与度。

- 减少关注的社交媒体账号。为自己定一个目标，比如关注的账号数量减半。

- 每次使用都要计时，并且严格遵守时间限制。
- 只在规定的时间段使用社交媒体。
- 删除手机上的社交媒体应用程序，规定自己只能在电脑上使用这些软件。

技术正不断地渗入我们的生活，我们对技术的依赖也在与日俱增。要如何处理与技术的关系，决定权在我们自己手中。人们对于社交媒体过度依赖，问题的关键不在技术，也不在社交媒体，而在于我们没有控制好自己的参与程度，为此耗费了过多的时间和精力。要征服一项技术，就要真正做到让技术为我们服务。只有严格执行使用技术的界限，才能限制技术对我们日常生活的影响，避免出现反客为主的现象。

额外分享几点小建议：

- 不要随身携带充电器，以手机电量来限制你的使用时间。
- 彻底用光手机的电量再充电，利用手机充电这段时间给自己也充充电。
- 利用手机的屏幕使用时间功能监测自己的使用频率和用法。
- 彻底删除那些一个月都没打开过的，可有可无的应用程序。

- 关闭消息通知，因为这些通知往往会诱使我们重新拿起手机。
- 严格限制手机的使用。一开始可以把使用时间定得宽松一些，然后每周递减，直到自己能自觉遵守使用手机的时间。
- 在社交媒体上与那些不是真正的好友解除好友关系。
- 对那些容易引起焦虑和自卑的账号一律取消关注。

练习

在一张纸上完成以下练习：

① 你一天要花几个小时使用电子设备？

② 你希望自己一天花多长时间使用电子设备？

③ 你想减少对哪些社交媒体和游戏的使用？

④ 当发现自己对技术的使用毫无节制时，你有何感想？

⑤ 你想用哪些健康的习惯来控制和改善对技术的使用？

结语

你的健康取决于你的界限

你的健康完全取决于你的界限。

我是在读研究生期间开始接受心理治疗的。和大多数人一样，我想通过心理治疗来解决诸如人际关系、焦虑以及工作与生活的平衡等问题。当时我完全不知道问题出在哪里，只知道别人的一些做法让我很不好受。每当我拒绝他们的请求或强调自己的原则时，比如“我不能再借钱给你了”“我今天有课，所以没法帮你看孩子”或者“还我车的时候记得把油加一下”，他们就对我进行道德绑架。那时的我常常感到憋屈，甚至开始怨恨身边的人，恨他们从来都只知索取不知回报。

经过几次面谈，我的治疗师温和地向我推荐了安妮·凯瑟琳（Anne Katherine）的著作《界限：你的终点即我的起点》（*Boundaries：Where You End and I Begin*）。在治疗师和这本书的帮助下，我渐渐放下了心中的芥蒂，开始大胆地对别人说出自己的想法。

然而，面对不同的对象，我也不是每次都能把要求提得理直气壮。无论如何我很庆幸自己做到了，因为事实证明只有划定健康的界限，我的人际关系问题才能最终得到解决。所谓长痛不如短痛，我宁愿忍受一时的尴尬，也不愿长期闷闷不乐、委曲求全。

在一段健康的人际关系里，双方通常可以理智地、毫无顾虑地交流彼此的界限。你可以坚持你的界限，我也可以维护我的界限，两者并不冲突。例如，你的上司可以要求你开会必须提前五分钟到场，你也可以表明自己周末绝不加班的主张。尊重别人的界限就是在巧妙而公平地换取别人同样的尊重。

对于别人提出的新要求，最好的回应就是肯定和支持。比如，对方说："希望你和我一起吃饭的时候不要一直看手机。"这时候，你可以先表态："知道了。我这就把手机放一边去。"说完就立刻执行。

看完这本书，你一定已经了解到执行界限的目的就在于帮助自己在一段关系中获得足够的安全感和幸福感。所有的界限都是对事不对人的。唐·米格尔·鲁伊斯（Don Miguel Ruiz）在他的著作《四个约定》（*The Four Agreements：A Practical Guide to Personal Freedom*）中分享了人生需要跟自己做的四个约定。其中第二个约定是我个人最喜欢的："不要妄加揣测。"无论别人跟你设定什么样的界限，都不要妄加揣测，要相信他们都是对事不对人。界限只是每个人用各自不同的思维和表达来追求自己理想生活的一种方式。即使有些话听着刺耳，也绝对没有要针对你的意思。

我经常教客户在处理人际关系的问题上要对事不对人。因为一旦开始对人不对事，我们的一切行为就只能被理解为否定对方的为人以及否定过去一段时间的相处。主观臆断会导致我们凡事都对号入座。

就拿我来说吧，我是那种脱了鞋才能进家门的人，当然也希望所有人来我家时都这么做。我只是单纯不想把鞋子上的脏东西带到室内，这样我就可以少拖几次地。然而，我刚开始立这条规矩的时候遭到了不少人的质疑。他们心想，“为何非让我脱鞋？”事实上，这条规矩并不针对任何人，更不可能是针对他们脚上穿的鞋子。

同理，我们自己在设定界限以及对待别人的界限时，也不可以对号入座。只有这样，你才能大大方方地接受别人的界限或者坦然面对不尊重别人界限的后果。但有一点必须牢记：不接受别人的界限会面临什么样的后果，这一点由不得你来决定。假如你的界限与对方的界限之间有冲突，就要考虑谁的界限更健康，更有助于改善你们之间的关系。不要忘了，太过僵硬的界限同样是不健康的。

界限的建立要分两步：第一步先进行口头沟通；第二步再采取实际行动，也就是要么把界限落实到位，要么停止与不尊重或不愿意尊重你界限的人交往。

假如你竭尽全力仍无法挽回一段关系，那么终极界限就是亲手为这段不健康的关系画上句号。这种不幸的结果有时真的很难避免。一段关系如果无法再继续下去，就要当机立断，因为你已经尽力了，已经尝试了所有可用的办法来努力修复这段关系。将来如果情况有变，你和对方或许还有复合的可能。

在考虑与某人复合之前不妨先考虑以下几个问题：

- 你希望新的关系较之前有什么不同？
- 目前看来，情况 / 对方较之前真的有变化吗？
- 有何证据可以证明情况 / 对方有变化？
- 你和对方真的合得来吗？还是仅仅是一心想要复合而已？
- 如果情况和人都没有任何改变，你是否想要重蹈覆辙？

仅凭一腔热情去重修旧好而不对目前的情况进行客观地评估，势必会重蹈覆辙甚至陷入更糟糕的境地。

设定界限是一个需要练习的过程。首先，你肯定会感觉尴尬。你的内心会充满自责，甚至怀疑自己的做法是否正确。但无论如何都要坚持。一定要努力克服害怕的心理，走出那种不自在的感觉。要时刻提醒自己，所有的挑战都是为了让自己活得更健康，并且拥有更健康的人际关系。

其次，你还要克服左右摇摆的矛盾心理。每个人在尝试新鲜事物的时候都会感到忐忑不安，这种反应很正常。千万不要因此而放弃前期的努力。一旦设定了界限，就要坚持到底，因为只有这样才能真正看到界限的效果。

要记住，想要毫无愧疚地设定界限是不可能的。如果想要尽量减少产生愧疚感（不要指望能消除），就要改变你对整件事情的看法。要立刻停止认为界限就是自私的错误想法，努力让自己相信界限在健康的人际关系中是不容忽视的，它的重要性绝不亚于自我关爱和身心健康。

建立健康的界限才能保障自己在人际关系和生活中获得足够的幸福与健康。为了更好地执行这些界限，一定要在口头和行动上都明确界限的要求。当对方不接受或不理解你的界限时，他的第一反应就是抗拒，紧接着就是质疑、试探底线、假装忽视，或者干脆避而不见。不要被以上的任何一种反应吓到，一定要持之以恒，因为设定界限原本就不是为了取悦别人，而是在为自己和他人制定交往的基本原则。界限对生活的方方面面都大有益处，包括如何让技术为自己所用，如何平衡工作与生活，如何处理与自己以及与他人的关系等。因此，请放心地拥有自己的界限，并自信地与他人沟通这些界限。唯有拥有健康的界限，才能长期与他人和平共处。

人际关系若没有界限就很难维持，一个人若没有界限就很难在一些环境中生存。事实证明，界限的好处数不胜数：

- 有界限的人睡眠质量更高
- 有界限的人较少过度疲劳
- 有界限的人拥有更健康、更长久的人际关系
- 有界限的人感受到的压力较小

- 有界限的人更快乐
- 有界限的人不仅短期受益，还将终身受益

非常感谢你愿意勇敢地做出改变。我敢保证，一切的尴尬与不适应都是值得的，因为换来的是健康的人际关系和更值得享受的人生。

设定界限是为了改善自己的生活，无论是对自己还是对他人都只有好处没有坏处。所以，接下来，就请各位好好地为自己设定界限吧。

自我测评

1. 我总是口是心非，嘴上答应，心里却拒绝。

A. 是的，我经常这样。

B. 我会拒绝对方，并解释拒绝的理由，以防他们再对我提同样的要求。

C. 我通常直接拒绝对方，不解释也不道歉。

2. 我觉得自己总在帮身边的人收拾烂摊子。

A. 不，我从不掺和别人的事情。

B. 是的，经常。

C. 不，我会根据自己的能力在方便的时候为对方提供帮助。

3. 我经常陷入毫无意义的争吵或辩论。

A. 是的。

B. 不，我从不跟人争吵或辩论。

C. 不，我会刻意与他人保持距离。

4. 我常因为同情、内疚或被逼无奈而借钱给亲友。

A. 是的。

B. 不，我借钱给别人时会明确要求对方何时还钱。

C. 不，我不信任别人，我一分钱都不舍得借出去。

5. 我经常感觉工作压力大。

A. 是的。

B. 不，我从不关心工作。

C. 不，我一回到家就关闭消息通知，不接和不回跟工作有关的电话、短信和邮件，尽量多和家人朋友在一起或享受自己的私人时间。若遇到紧急情况或接手了一个复杂的项目，界限就会相对宽松一些，但仍然不会花太多的时间去处理工作。

6. 我觉得自己在社交媒体上花了太多时间。

A. 是的。

B. 不，我喜欢偶尔查看一下社交媒体，但不会看个不停。

C. 我只在特定的日期和时间登录某个社交媒体账号处理工作上的事，完成之后就立即在手机上退出该应用程序。

7. 我每次拒绝别人时都会感到内疚。

A. 是的，我会。

B. 不，我不会。

C. 不，我从不在乎别人怎么想。我很讨厌 / 生气 / 沮丧被别人呼来唤去。

8. 我总是被动员去做一些自己不想做的事或承担一些不想承担的义务。

A. 是的。

B. 不，我不会。

C. 不，大家都知道不要叫我干这干那。

9. 我不信任别人。

A. 是的。

B. 我只对一部分人不信任。

C. 不，我相信所有人，但有时会因此而吃亏。

10. 我总是不等时机成熟就跟别人分享太多的个人信息。

A. 是的。

B. 不，我不会。

C. 因为我不信任别人，所以从不跟别人分享个人信息。

11. 我可以坦然接受别人的拒绝，从不往心里去。

A. 是的。

B. 不，我会觉得他们在针对我。

C. 我通常不向别人求助，因为我无法信任他们，我认为我做不好的事情别人也照样做不好。

12. 受到恶劣对待时我无法大胆站出来替自己说话。

A. 是的。

B. 不，我会和对方断交，甚至骂对方，或者到处说对方的坏话。

C. 不，我会告诉对方我的感受。

13. 我会因为把时间都留给自己而感到内疚。

A. 不会，因为我知道只有先照顾好自己才有能力照顾他人。

B. 是的。

C. 不会，我一贯把自己的需求放在第一位。

14. 我会为不是自己犯的错而道歉。

A. 不，我一般不会犯错。

B. 是的。

C. 不，只有在我必须为某件事负责并且对别人造成伤害的时候，我才会道歉。

15. 我常常被很多事务缠身却总感觉时间不够，因此压力很大。

A. 是的。

B. 说实话，我挺清闲的。因为朋友不多，也就没有那么多事情要做，仿佛永远都岁月静好。

C. 不，我知道如何拒绝，也知道如何把任务分配出去或向别人求助，所以不至于分身乏术或压力太大。

16. 明知自己的观点很重要，却不敢提出来与大家分享。

A. 是的。

B. 不，因为我知道自己的观点和其他人的一样重要。

C. 不，事实上在工作中通常是我把别人说得哑口无言，甚至不给别人说话的机会。

答案：

你的答案中哪种界限出现的次数最多，就说明你的界限属于哪种类型。

1.	A. 松散	B. 僵硬	C. 健康
2.	A. 僵硬	B. 松散	C. 健康
3.	A. 松散	B. 健康	C. 僵硬
4.	A. 松散	B. 健康	C. 僵硬
5.	A. 松散	B. 僵硬	C. 健康
6.	A. 松散	B. 健康	C. 僵硬

7. A. 松散　　B. 健康　　C. 僵硬

8. A. 松散　　B. 健康　　C. 僵硬

9. A. 僵硬　　B. 健康　　C. 松散

10. A. 松散　　B. 健康　　C. 僵硬

11. A. 健康　　B. 松散　　C. 僵硬

12. A. 松散　　B. 僵硬　　C. 健康

13. A. 健康　　B. 松散　　C. 僵硬

14. A. 僵硬　　B. 松散　　C. 健康

15. A. 松散　　B. 僵硬　　C. 健康

16. A. 松散　　B. 健康　　C. 僵硬

以上测评由内德拉·格洛佛·塔瓦布和金·文托拉（Kym Ventola）共同设计完成。

常见问题

●与母亲相处太难了，但我还不打算和她断绝母子关系，该如何对她设定界限呢？

○当你意识到一段关系是不健康的，但还不打算结束这段关系时，可以在选择如何与对方相处的问题上维护好自身的界限，比如：

- 可以少和母亲说话。试着把和母亲交谈的次数从每天一次减少到一周几次或者每周一次。
- 限制对话的时长。最简单的办法就是制造一个不得不结束对话的理由，比如选择在去赴约的路上和母亲通电话，到达目的地后就可以顺理成章地挂断电话了。
- 母亲打来的电话不用马上就接，发来的消息也不用秒回，可以选择合适的时机或想回复的时候再做处理。

●有必要向朋友或家人解释自己为何要与他们保持距离或断绝关系吗？

○没有人比你更了解他们了。他们当中有些人会安静地听你解释，有些人则会用难听的话来攻击你，或者极力为自己辩护。因此，在决定说出自己的想法之前，要先判断对方属于哪种类型。如果预感到情况不妙，最好不要选择当面说，用文字来表达自己的愿望也未尝不可。如果时间允许的话，建议你慢慢地与他们拉开距离，因为这种看似顺其自然的办法最能维持双方的体面。

●朋友总跟我抱怨工作上的事，我该如何应付？

○可以和朋友商定谈论某些话题的频率和时间。最重要的是反省一下自己的哪些举动无意中促使对方更加滔滔不绝地抱怨他的问题，比如：

- 你是否表现出对这个话题感兴趣？主动提及关于工作的话题会让对方以为你对这个话题感兴趣。
- 你会为朋友出谋划策吗？
- 你试过让朋友换个话题吗？
- 你是否曾建议朋友去向专业人士或上级领导反映这些担忧？

你的朋友是否意识到你对谈话的内容感到很伤神？如果没有，建议你主动转换一个较为轻松的话题。

●面对有心理问题又不愿接受治疗的朋友，我该如何表示支持？

○你可以决定自己想要如何听对方的倾诉以及如何为对方提供帮助。继续扮演朋友的角色，不要勉强充当对方的治疗师，让朋友知道谈论某些话题会使你不舒服。继续建议他们接受专业的治疗，让他们了解接受治疗的好处。毕竟，有些伤痛是无法靠友情来治愈的，必须通过专业手段来解决。

●我该如何向家人解释我不能再借钱给他们？

○解释就等于在给对方反驳的机会。所以，不用解释，直接拒绝。你可以对他们说：

- “不借。”
- “我帮不了你。”
- “或许我可以为你提供借钱的渠道。”
- “我帮不了你，你考虑过其他解决办法吗？”

●如何与儿子设定界限才不会伤害他的感情？

○既然你可以接受别人的界限，孩子也同样可以接受你的界限。如果你爱孩子，就为他们设定界限吧，因为界限会为孩子提供必要的行为规范。

●怎样才能让自己不内疚？

○不要总认为“一切都是我的错”，试着想想“我不该为这些事情负责”。摆脱愧疚感实际上就是摆脱某种情绪。而人的情绪是很复杂的，这样一来你就要处理不止一种情绪，其中就包括忌妒、快乐和内疚。你越是专注于思考如何停止内疚，就越是时刻提醒自己内疚感的存在。倒不如随它去吧，不用管这些感受是好是坏。

致 谢

早在明白什么是界限之前，我就会在心理上限制自己去做一些我认为不合适或感觉不对劲的事情。后来我才发现这些限制统统都可以用一个词来形容，那就是界限。通过一系列勇敢的小举动，我学会了在生活中设定和执行自己的界限。我很庆幸自己在这个过程中发现了健康界限的好处和力量。

感谢生活让我明白了许多无奈都事出有因；让我能够从这些经历中吸取教训，活出自己最好的样子；同时帮助我把自己的生活经验以文字的形式与大家分享。感谢我的丈夫，谢谢他耐心倾听我对这本书的构思，和我一起梦想有一天这本书能问世，并且鼓励我专心写作。感谢我的两个女儿，谢谢她们让我明白了为人父母所需的界限。感谢我的好姐妹埃丽卡，谢谢她多次与我深入探讨界限这个话题，并且发掘出我身上的一些潜能。感谢我的团队成员雷切尔、丽贝卡和莫妮卡，谢谢她们一直以来的加油鼓劲儿。我有一群很棒的朋友：塔拉亚、德莱萨等，感谢他们在我创作的过程中不断寄来精美的贺卡和礼物，并且逗我开心。感谢我所有的客户，谢谢他们点燃了我想要帮助更多人建立心理界限的热情。感谢在社交媒体上关注我的网友们，谢谢他们一直鼓励我创作，支持我发表的内容，帮助我不断进步。每一天，我都庆幸自己可以做着自己喜欢的事情，同时又能帮助到他人。

感谢我的经纪人劳拉·李·马丁利在出书的道路上为我指明了方向，并且敦促我快速完成了这个项目的建议书。感谢我的编辑玛丽安·莉齐，谢谢她从始至终的信任，以及为这本书提供的周到建议与帮助。同时也感谢她的团队：美术指导杰斯·墨菲尔和助理编辑雷切尔·阿约特，谢谢他们的细心指导。感谢我的律师帕特里斯·珀金斯为我的品牌出谋划策。还有我的助理，肖恩茜·里德，谢谢她为我加油打气和审阅初稿。这本书之所以能大功告成，离不开写作过程中每一个人对我的帮助。

同时也感激我的心理治疗师给予我的支持与鼓励，以及对我战胜困难、拥有界限的赞赏。

感谢父母把我带到这个世界上。而我最要感谢的是所有读过这本书的人，你们每个人都是界限分明的勇敢者。